Günter Spies

**Praxis
Meerwasseraquarium**

Günter Spies

Praxis Meerwasseraquarium

Landbuch

Titel: Von Hawaii kommt der Flammenherzog(-fisch) *Centropyge loriculus*. Er fällt wie alle Kaiser- und Schmetterlingsfische unter das Artenschutzgesetz. Zur Zeit darf er weder nach Deutschland importiert noch hier gehandelt werden.

Fotos: Titel vom Verfasser;
Seiten 51 und 59 von Hans Richter,
Griesheim bei Darmstadt;
Seite 65 unten von der Ehefrau des Verfassers;
Seite 109 unten von Jürgen Brei, Messel bei Darmstadt;
alle anderen vom Verfasser.

Landbuch-Verlag GmbH, Hannover, 1989

Alle deutschen Rechte vorbehalten. Reproduktionen, Speicherung in Datenverarbeitungsanlagen, Wiedergabe auf elektronischen, fotomechanischen oder ähnlichen Wegen, Funk und Vortrag – auch auszugsweise – nur mit Genehmigung des Verlages.

Lektorat: Dr. Helge Mücke, Hannover
Farblithos: ReproDukt GmbH, Langenhagen
Satz, Druck und buchbinderische Verarbeitung:
Landbuch-Verlag GmbH, Hannover

ISBN 3 7842 0396 5

Inhalt

Einleitung 6
Der Einstieg 9
Das Aquarium 10
Der Bodengrund 13
Die Dekoration 14
Das Wasser 16
Filterung und Technik 21
Die Inbetriebnahme 28
Mittelmeeraquaristik –
    für „Umsteiger" empfehlenswert 32
Begegnungen der „Dritten Art" 40
„Aquariomariniumgitis",
    eine rätselhafte Erkrankung am Mittelmeer 44
„Kracki Oktopussi" – mein kleines
    verspieltes Ungeheuer 55
Blumentiere – Tierblumen. Die Wunderwelt der
    Wirbellosen im Wohnzimmerriff 62
Symbiosen – Partnerschaften. Schutz- und Trutz-
    bündnisse auf Gedeih und Verderb 103
Salonfähige Kleinode. Profile und Porträts von
    Idealpartnern für sessile Wirbellose 133
„Amal" fängt und sammelt Meerestiere 172
Schlußwort – Danksagung 179
Literatur 182
Register 185

Einleitung

Aquarianer zu werden oder zu sein, dafür gibt es viele Beweggründe. In unserem technischen Zeitalter, in dem so vieles darauf programmiert ist, zu funktionieren, in dem Hast und Hektik den Alltag prägen, suchen mehr und mehr Menschen nach dauerhaftem Ausgleich: Viele von ihnen beschäftigen sich in ihrer immer länger dauernden Freizeit mit einem „Stück" Natur zu Hause im Wohnzimmer. Es soll aber auch Menschen geben, die gleich als Aquarianer geboren werden und dies Zeit ihres Lebens bleiben.
Über die Süßwasseraquaristik kam ich Ende der sechziger Jahre zur Meerwasseraquaristik. Angeregt wurde ich während eines Besuches bei einem Bekannten, der damals schon ein sehr schönes Mittelmeeraquarium mit selbst gesammelten und gefangenen Meerestieren besaß. Seit ich selbst mit diesem Hobby begonnen hatte, verbrachten meine Familie und ich viele Sommerferien an den Gestaden des Mittelmeeres. Dort schnorchelte ich zuerst und fing und sammelte mir selbst Meerestiere, mühsam manchmal, hielt sie vorläufig an Ort und Stelle und transportierte sie, einzeln verpackt in Plastiktüten, über dem Wasser eine Sauerstoffglocke und vor zu starker Erwärmung in Styroporkisten geschützt, in unserem Auto nach Hause.
Das kurzzeitige Abtauchen beim Schnorcheln genügte mir bald nicht mehr, und so erlernte ich das Tauchen mit Preßluftgerät. Jetzt konnte ich länger verweilen, konnte mir in Ruhe ansehen, was hier wächst und gedeiht, was hier in großer Vielfalt festsaß, umherkroch und schwamm.

Beim Beobachten des höchst interessanten Verhaltens der marinen Lebewesen, bei der Pflege meiner mir liebgewordenen Tiere und bei der eingehenden Beschäftigung mit dieser großartigen Liebhaberei wurde der Wunsch geboren, auch in Korallenriffen zu schnorcheln und zu tauchen. Eines Tages war ich dann „in medias res". Ich war mitten in einem „Zaubergarten", in Poseidons nur scheinbar blaugrünem Reich. Voller Erlebnisse waren die Tauchgänge im warmen Wasser in den Korallengärten des Indopazifiks, und manchmal waren sie auch voller Abenteuer. Meine Exkursionen hinterließen intensive Eindrücke. Stets waren sie aus meiner Erinnerung abrufbar, und oftmals wurden sie wieder gegenwärtig, wenn ich in Stunden der Muße am Feierabend vor einem Aquarium saß.

Hier möchte ich meine Beobachtungen an Lebewesen in Meeresaquarien wiedergeben und, soweit dies überhaupt möglich ist, Parallelen zu dem Verhalten der Tiere in ihrem natürlichen Lebensraum ziehen. Die Haltungs- und Pflegeansprüche der von uns importierten Tiere sind sehr unterschiedlich. Die Möglichkeit, längere Zeit in größeren Tiefen zu verweilen, nutzen Fänger und Sammler aus. Immer mehr neue Tiere erscheinen mit Importsendungen. Von vielen Arten wissen wir noch nicht, welche Bedingungen ihnen geboten werden müssen. Wenn wir aber wissen, aus welchem Biotop sie kommen, dann können wir schon bei der technischen Ausstattung, bei der Einrichtung und bei der Besetzung eines Meerwasseraquariums vieles berücksichtigen.

Ein buntes Sammelsurium unterschiedlichster Arten ist nicht zu empfehlen. Falsch und übersetzte Becken entwickeln sich, trotz hervorragender technischer Ausstattung, zu wahren Problemaquarien. Wir wissen heute, daß man in einem Aquarium verschiedene Wirbellose und Fische zusammen pflegen kann, die man in einem anderen, trotz ähnlichen, vielleicht sogar wesentlich besseren Bedingungen, unmöglich zusammen unterbringt. Individuelle Erfahrung und das vielen Aquarianern eigene „Fingerspitzengefühl" machen manchmal möglich, was ohne Gespür woanders zum Scheitern verurteilt ist.

Wir kennen äußerst lichthungrige Wirbellose, die ausschließlich von Stoffwechselprodukten ihrer symbiontischen Algen, Zooxanthellen genannt, leben. Solche Wirbellose kommen aus lichtdurchfluteten Gewässern mit gezeitenabhängiger Strömung. Meistens ist ihre Färbung braun, beige, weiß, grün oder gelb, entsprechend der Farbe ihrer symbiontischen Algen. Diese Wirbellosen lassen sich bei Beleuchtung, mit Licht möglichst nahe dem Tageslicht, ohne zusätzliche Fütterung gut pflegen, ja einige wachsen weiter und vermehren sich.

Problematischer ist die Pflege ausgesprochener Planktonfresser. Hier haben wir nur Erfolg, wenn es uns gelingt, sie an Ersatzplankton zu gewöhnen. Ersatzplankton läßt sich aus Trockenfutter, Frostfutter usw. herstellen. Bei der Zubereitung sind der Fantasie des Aquarianers keine Grenzen gesetzt. Daß Ersatzplankton das Wasser stark belastet, sollte man berücksichtigen. Wir haben zwar heute die Möglichkeit, einige wenige Arten Plankton in separaten Kulturen zu züchten, es sei aber gleich gesagt, daß das Betreiben solcher Kulturen sehr zeit- und kostenaufwendig ist und selten den Erfolg bringt, den man erwartet. Die Zugabe lebenden Planktons in ein „laufendes" Meerwasseraquarium kann sogar zum Mißerfolg führen, denn durch Wasserbewegung und Milieuveränderung sterben viele Organismen ab und verschwinden im Filter oder Abschäumer.

Der Einstieg

Als ich begann, dieses Buch zu schreiben, saß ich, von einem Traumtauchurlaub im Roten Meer zurückgekehrt, vor einem meiner Aquarien mit nachgezogenen Anemonenfischen und erinnerte mich an meine Anfänge mit der Meerwasseraquaristik. Zwanzig Jahre sind seitdem vergangen, die mir einen reichen Schatz an Erfahrung brachten. Ich hielt mich viele, viele Stunden im warmen Wasser des Indischen Ozeans auf, und manchmal verfror ich mir im Frühjahr bei Mittelmeerexkursionen das Hinterteil. Ich besuchte Exporteure von Wirbellosen und Korallenfischen, war mit Sammlern und Fischfängern unterwegs, direkt an den Orten des Geschehens, studierte Lebensräume unter Wasser, beobachtete das Verhalten unserer Tiere, beschäftigte mich intensiv mit der ganzen Sache – und komme zu dem Schluß: all dies würde ich wieder tun. Ja, ich würde wieder einsteigen in die Meerwasseraquaristik, ich würde viele Stunden der Begegnung mit den Wundern der Korallenriffe im Aquarium erneut erleben wollen. Heute zwar, reiferen Verstandes und zielstrebiger, erfahrener im Sinne des Wortes, würde ich versuchen, zu Anfang „kleinere Brötchen zu backen", das heißt: Ich würde weniger und einfacher zu pflegende Fische und Wirbellose in so großer Wassermenge wie möglich halten, den Besatz gezielter und biotopgerechter auswählen, mehr Augenmerk auf die Vergesellschaftung der Korallentiere untereinander legen.

Das Aquarium

Die aus der Zeit meiner Süßwasseraquaristik stammenden und ständig vor sich hinrostenden Rahmenaquarien schienen mir für die Meerwasseraquaristik ungeeignet. In die ersten silikongeklebten Glasaquarien hatte man noch nicht so das absolute Vertrauen, obwohl man heute geradezu Wunderwerke mit dem Material bauen kann. Da ich gerne bastele und auch handwerkliches Geschick habe, entschloß ich mich vor dem Einstieg in die Meerwasseraquaristik zum Bau von Holzaquarien (aus 19 mm starken mehrschichtverleimten Tischlerplatten) und beschichtete sie im Sandwichverfahren mit mehreren Lagen Glasfasermatte, durchtränkt mit Flüssigkunststoff (Zweikomponentenepoxydharz, Polyesterharz). In einen aufgesetzten Rahmen, ausgeschnitten aus dem gleichen Material, klebte ich nur von innen eine Sichtscheibe als Front.
Integrierte Beleuchtung unter dem Deckel (Feuchtraumlampen) gab hervorragendes Oberlicht und somit bessere Ausleuchtung im Becken. Gründliche wochenlange Wässerung, zuerst mit Süßwasser, später mit Kochsalzwasser, ließ bei gleichzeitiger starker Durchlüftung die Lösungsmitteldämpfe des Kunstharzes entweichen. In dieser Zeit studierte ich jede erhältliche Literatur über die Meerwasseraquaristik.
Die Zeit und die Entwicklung sind auch in der Aquaristik nicht stehengeblieben. Nicht jedermann ist ein

---

Rechte Seite: Farbenfrohe und formenreiche Weichkorallen in einem Riff.

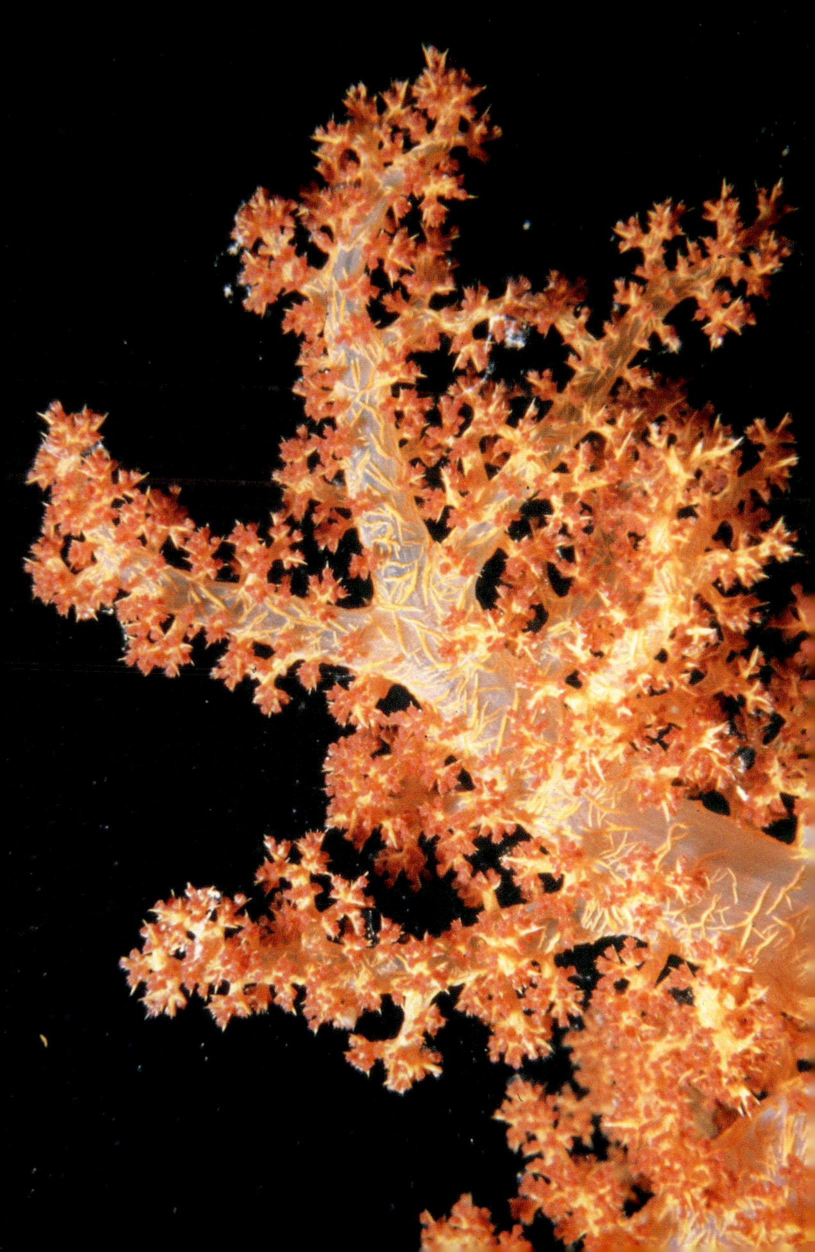

Bastler, ein anderer hat die Zeit nicht zur Verfügung, oder es fehlen die notwendigen Kenntnisse, um selbst ein Aquarium zu bauen. Heutzutage ist es auch überhaupt nicht mehr nötig, denn die sehr gut geeigneten silikongeklebten Glasaquarien gibt es in vielen Formen und Größen im Fachhandel, manchmal sogar äußerst preiswert. Zu empfehlen sind, vor allem wenn man später auch fotografieren will, solche aus Kristallspiegelglas. Der Unterschied zu Dickglas, das meistens importiert wird und dann für billige Glasaquarien Verwendung findet, liegt darin, daß Kristallspiegelglas beidseitig plangeschliffen und somit gleichmäßig stark ist, also verzerrungsfreie Sicht gewährt und durchgehend fast dieselbe Spannung hat.

Der Ausleuchtung wegen ist eine Höhe und Tiefe von 50 bis 60 Zentimetern empfehlenswert, die Länge sollte aber so bemessen sein, daß man auf ca. 250 l Inhalt kommt. Die Empfehlung für eine solche Wassermenge darf keinesfalls unumstößlich aufgefaßt werden – ich habe schon wahre Wunderaquarien mit nur 80 bis 100 l Inhalt gehabt und solche auch bei anderen Meeresaquarianern gesehen. Ein geklebtes Glasbecken muß, damit man später keine unangenehmen Überraschungen erlebt, mit der gesamten Grundfläche waagerecht beispielsweise auf einer ca. 1 cm starken Styroporplatte stehen. Ein Glasaquarium sollte an keiner Stelle direkten Kontakt mit anderen wenig nachgebenden oder gar unnachgiebigen Materialien haben, z. B. Holz, das bei Feuchtigkeit quillt. Den Unterbau sollte man recht stabil wählen. Sind dessen Füße mit Justierschrauben versehen, so kann man die Anlage jederzeit noch „ins Wasser stellen", das heißt: man richtet sie mit einer Wasserwaage aus.

Der Bodengrund

Meerwasser ist alkalisch. Messungen der Gewässer in den Korallenriffen ergaben im Durchschnitt einen pH-Wert von 8,25 (pH = pondus Hydrogenii, Wasserstoffionenkonzentration; Werte unter 7 sauer, über 7 laugenhaft oder alkalisch). Durch Futterzugaben und durch den Stoffwechsel der Tiere neigt im Meerwasseraquarium das Wasser meist zu einem niedrigeren pH-Wert. Ist auch die Wahl des Bodengrundes alleine nicht ausschlaggebend, so kann man mit diesem den pH-Wert doch geringfügig beeinflussen.

Um im Boden Stillwasserbereiche zu vermeiden, empfiehlt sich eine Körnung von 4–6 mm. Gute Erfahrungen habe ich mit einer Mischung aus ca. 20 % hellem Quarzkies (im Baustoffhandel erhältlich), ca. 40 % rundgeschliffenem Korallenbruch und ca. 40 % Muschelschalen (beide im Zoofachhandel erhältlich) gemacht. Diese Mischung wird gut gewaschen und normalerweise in einer Schicht von ca. 3–7 cm nach hinten ansteigend ins Aquarium gebracht. Man sollte sich auch überlegen, ob man mit Bodenfilterung arbeiten will; wenn ja, muß man schon jetzt entsprechende Vorbereitungen treffen (durchlöcherte Bodenplatten vorher installieren usw.). Pflegt man später gründelnde Tiere, so ist Bodenfilterung nicht notwendig, außerdem wird eine Vielzahl von Lebewesen im Bodengrund dafür sorgen, eine natürliche Grundlage zu schaffen.

Die richtige Bodengrundwahl erscheint mir außerordentlich wichtig, denn die für den Stoffwechsel im Wasser verantwortlichen Bakterien benötigen Substrat, an dem sie sich festsetzen können. Je größer die Anlage-

rungsfläche eines jeden einzelnen Substratkörnchens ist, desto besser ist die Besiedelung mit Bakterien.
Da die die Giftstoffe reduzierenden Bakterien aber auch sehr starke Sauerstoffzehrer sind *(Aerobacter)*, wählt man nur eine etwa ein Zentimeter hohe, gerade den Boden bedeckende Schicht (sofern keine grabenden und Sandhöhlen bauenden Tiere gepflegt werden). In den letzten Jahren wird auch Foraminiferensand im Handel angeboten. Foraminiferen sind einzellige Kammertierchen mit ein- oder mehrkammrigen Kalkgehäusen, die im Durchschnitt ca. 2 mm groß sind. Der Kalk für ihre Gehäuse wird von ihnen aus dem Meerwasser synthetisiert. Foraminiferensand finde ich hervorragend als Bodengrund für ein Riffbecken. Für das Gleichgewicht im künstlichen Kleinbiotop Meeresaquarium sorgen nach der Inbetriebnahme, so unwahrscheinlich es auch klingen mag, in erster Linie die im Bodengrund und im Dekorations- und Filtersubstrat lebenden reduzierenden Bakterien.

Die Dekoration

Über Geschmack läßt sich bekanntlich nicht streiten. Wie er sein Aquarium einrichtet, bleibt jedem Aquarianer überlassen. In allererster Linie sollten aber die Belange der zu pflegenden Tiere Berücksichtigung finden. So sollen hier nur die entsprechenden Materialien empfohlen werden. Für gut geeignet halte ich große runde Kieselsteine, Solnhofer Kalkgestein, jugoslawisches Lochgestein, Oppenheimer Kalk, Bimsgestein, Lavalit, Jurakalk, Dolomitgestein und einige andere

„Feuerwerke unter Wasser". Unterschiedlich gefärbt und verschiedenartig, lieben die prächtigen Zylinderrosen (Ceriantharia) einen etwas höheren Bodengrund von circa acht bis zehn Zentimetern, in den sie mit dafür eigens produziertem chitinhaltigem Schleim ihre „Wohnräume" bauen. Bei Gefahr ziehen sich die Blumentiere dann blitzschnell in ihre oft meterlange schlauchartige Röhre zurück.

mehr. Man vermeide in jedem Falle, Steine zur Dekoration zu verwenden, die irgendwelche Metalleinschlüsse vermuten lassen.
Aus Naturschutzgründen sollte man keine Steinkorallenskelette kaufen; hat man aber die Möglichkeit, von einem Aquarianer Korallenstücke zu bekommen, wel-

che schon in einem Aquarium waren, so sind diese natürlich sehr gut geeignet. Beim Einrichten sollten mehrere Höhlen, Nischen, Spalten und Überhänge gestaltet werden. Fast jeder Korallenfisch beansprucht auch im Aquarium nachts seinen Schlafplatz, den er immer wieder aufsucht und heftig gegen andere Interessenten verteidigt. Beim Einrichten eines Meerwasserbeckens muß man sich darüber im klaren sein, daß man später kaum die Fische wieder herausfangen kann. Sie kennen jedes Loch, jede Versteckmöglichkeit ganz genau. Um ein Umstürzen der oft schweren Dekorationsstücke zu vermeiden und um Glasbruch zu verhindern, kann man sie sehr gut mit Silikonkleber untereinander verkleben. Rauhem, porösem Gestein sollte man den Vorzug geben, denn auch hier findet die Bakterienbesiedlung am ehesten und am besten statt. Algen wachsen auf solchem Gestein ebenfalls gut, und mit der Zeit wimmelt es an unserem gestalteten Riff von kleinen Lebewesen.

Das Wasser

Beim Besuch in einer Zoofachhandlung mit Meerwasserabteilung hörte ich zufällig einen Verkäufer zu einem jungen Mann sagen, der staunend vor einem Schaubecken stand: "Und dies hier sind Meerwassertiere, für die muß Salz ins Wasser". Gerade formulierte ich einen Spruch, wollte mich in das Gespräch einmischen, ließ es aber dann bleiben. Eigentlich hatte er recht, ja es muß Salz ins Wasser.
Welches Salz denn, so wird mancher fragen. Na klar, Meersalz eben. Vorweg wäre zu bemerken, daß es kein

schlechtes Meersalz gibt. Die Hersteller bemühen sich alle, so meine Meinung, Meersalz herzustellen, welches bei Lösung im Leitungswasser der Zusammensetzung des Meerwassers so nahe wir irgend möglich kommt. Man kann beim Ansetzen von Meerwasser eigentlich nichts verkehrt machen, außer daß man zu viel oder zu wenig Salz nimmt.

Hartem und kalkhaltigem Süßwasser als Ausgangsmaterial sollte man gegenüber weichem und saurem den Vorzug geben. Es gibt heute sehr genaue Meßgeräte, mit denen man die Dichte einstellen kann. Immer noch populär sind sogenannte Aräometer (Senkwaagen, die nach dem archimedischen Prinzip arbeiten). Sie sollten für unsere Zwecke auf eine Temperatur von 25 Grad Celsius geeicht sein; es sei jedoch gesagt, daß die Skalen vieler Aräometer beim Messen voneinander abweichen. Je weiter die Meßskala auseinandergezogen ist, desto genauer läßt sich die Dichte einstellen. Man kann davon ausgehen, daß man für 10 Liter Leitungswasser ca. 32 bis 35 g Salz benötigt.

Die meisten Korallentiere kommen aus Ländern, die im Äquatorialbereich liegen. Für uns bedeutet dies, daß wir unsere Aquarien mit einer durchschnittlichen Wasserdichte von 1,023 bis 1,024 fahren. Geringe Abweichungen nach unten oder nach oben (bis ca. 1,026) vertragen die meisten Meeresbewohner verhältnismäßig gut, wenn die Gewöhnung langsam vor sich geht. Schnelle Dichteveränderungen stören die osmotischen Vorgänge, die in den Zellen aller lebenden Organismen stattfinden (vereinfacht gesagt: die Druckverhältnisse). Frisch angesetztes Meerwasser ist äußerst aggressiv. Eigentlich ist es zunächst nur „Salzwasser", bestenfalls zum Gurgeln geeignet. Heute empfehle ich den Anfängern mit der Meerwasseraquaristik, sich zwei Bilder vorzustellen – erstens: ein Korallenriff voller wundersamem Leben sowohl pflanzlicher als auch tierischer Art, mit Stoffwechselvorgängen, die im Aquarium niemals realisierbar sind, ein seit Jahrmillionen nahezu unverändert bestehendes, funktionierendes Ökosystem, und zweitens: eine Wasserleitung, ein Wasserhahn, ein Zehnlitereimer und eine Packung Meersalz. Original Meerwasser ist „Leben". Wenn man sich vergegenwärtigt, daß unser Blut in der Zusamensetzung seiner Salze fast genau denen des Meerwassers entspricht, wenn auch in geringerer Konzentration, so wird man einsehen, daß synthetisches Aquarienwasser Zeit braucht, um zu „reifen".

Für die Lebewesen im Meerwasseraquarium spielt es keine Rolle, wie man ihren Haltungs- und Pflegeansprüchen gerecht wird, wichtig für sie ist, daß man ihnen gerecht wird. Dabei sollte man, deftig ausgedrückt, der Natur aufs Maul schauen. Damit meine ich, daß man versucht, Gefühle zu entwickeln für Tiere, die im Laufe ihrer Stammesgeschichte es nie nötig gehabt haben, irgendwelche Abwehrkräfte gegen Krankheiten auszubilden. Krankes und Schwaches erlebt im Riff selten den nächsten Tag, im Aquarium kann es dahinvegetieren, manchmal wochenlang. Darum sollte jeder „Einsteiger" zu Anfang Geduld aufbringen und seinem Aquarienwasser die Zeit geben, in der es seine Aggressivität verlieren kann.

Es gibt heute Mittel und Wege, synthetisches Meerwasser im Aquarium schnell „einzufahren", jedoch glaube ich nicht, daß ein Anfänger damit zurechtkommt. Gut Ding will Weile haben, so ist es auch hier. Meerwasser nach irgendwelchen Rezepturen heute selbst herzustellen, erscheint mir wenig sinnvoll. Die Bemühungen der erfahrenen Hersteller wären völlig umsonst gewesen. Vertrauen Sie ruhig dem abgepackten Salz der Produzenten. Für meine Tiere im Aquarium verwende ich Markenmeersalz aller führenden Hersteller. Ihren Fischen ist es egal, von welchem Hersteller Sie Salz beziehen, die Qualität des Aquarienwassers verbessert sich sowieso erst durch zunehmende Alterung, ohne daß es übermäßig belastet wird. Kleinere Wassermengen zu wechseln, etwa fünf bis zehn Liter wöchentlich, halte ich für besser, als in längeren Zeiträumen größere Mengen. Von großem Vorteil ist es, das Wasser zum Wechseln in geringerer Lösung (mit einer Dichte von ca. 1,015) in Glas- oder Kunststoffbehältern getrennt anzusetzen. Die geringere Dichte des angesetzten „Salzwassers" zum Wasserwechsel ist deshalb zu empfehlen, weil Dichteschwankungen durch Verdunstung im Meerwasseraquarium sich meist in höherem Salzgehalt auswirken. Damit das angesetzte Frischwasser schon etwas von seiner Aggressivität verliert, läßt man es etwa eine Woche lang mit einer einfachen Wasserstrahlpumpe über das gleiche Filtersubstrat laufen, mit dem man später seine Filter beschickt. Wenn das Aquarium ohne Abdeckung betrieben wird und es im Wohnzimmer steht, kommt man nicht umhin, jeden zweiten Tag etwa ein bis zwei Liter Süßwasser nachzufüllen. Man sollte sich überlegen, ob man für das Nachfüllen destilliertes Wasser verwendet, jedoch ist dies ein erheblicher Kostenfaktor, und es ist umstritten, ob hiermit ein jederzeit zu kontrollierender Erfolg gewährleistet ist. Je gleichmäßiger Sie das Milieu im Aquarium halten, um so erfolgreicher werden Sie Ihre marinen Lebewesen pflegen. Diese werden Ihnen ihr Wohlbefinden mit leuchtenden Farben und lebhaftem Verhalten zeigen: Man sieht – das Aquarium ist „eingefahren".

Frisch angesetztes Meerwasser ist äußerst instabil. Je älter Ihr Wasser wird, desto eher verkraftet es Belastungen, die durch die Fütterung der Tiere verursacht werden oder die durch das Absterben eines nicht mehr auffindbaren und dann verwesenden Lebewesens auftreten. In einem richtigen Aquarium, dies sollte man noch bedenken, muß auch schon einmal etwas gestorben sein. Die Zersetzungsbakterien gehören genauso ins Meerwasseraquarium wie andere Organismen, die für einen natürlichen Stoffkreislauf sorgen.

Hier noch ein paar ganz wichtige Tips zur Wasserpflege: Wenn Sie Ihre Aquarienscheiben reinigen, füttern Sie an diesem Tag nicht, wechseln kein Wasser und lassen Ihre Filter in Ruhe. Ebenso soll man nicht füttern, wenn man die Filter reinigen muß. Prinzipiell lasse ich meine Filter laufen, ohne Eingriffe, so lange irgend möglich, und wenn ich Filtermaterial wechsle, dann nur teilweise. Wenn Sie Wasser wechseln, sollten Sie ebenfalls Ihre Filter in Ruhe lassen und nur wenig, besser aber gar nicht füttern. Am besten gewöhnt man sich folgenden Rhythmus an: täglich oder wöchentlich verdunstetes Wasser mit kleinen Portionen Süßwasser auffüllen, wöchentlich eine kleine Wassermenge wechseln mit dem angesetzten Vorratssalzwasser geringerer Dichte, monatlich mechanisches Filtermaterial wechseln und halbjährlich biologisches Filtermaterial wechseln, besser noch, auswaschen. Und noch etwas ist zu bemerken: je wärmer Ihr Wasser ist und je höher die Dichte, desto weniger Sauerstoff bekommen Sie ins Meerwasser. Der Stoffwechsel der Tiere ist schneller, sie sind lebhafter und fressen mehr.

Filterung und Technik

Unsere Erdoberfläche ist zu mehr als zwei Dritteln mit Wasser bedeckt. Die grenzenlosen Weiten der Ozeane mit ihren riesigen Wassermengen, in denen Ebbe und Flut, Wellen und Wind, Kälte und Wärme für Zirkulation sorgen, sind unersetzlich und die in der Natur herrschenden Verhältnisse nur schwer im Aquarium nachzuahmen. Das Meer hat eine ungeheure Selbstreinigungskraft, mit einem Regenerationsvermögen des Wassers, welches in einem so begrenzten Raum wie im Aquarium kaum zu erreichen ist. Das vielzitierte biologische Gleichgewicht (Pioniere – Produzenten – Konsumenten – Reduzenten) besteht in den Riffen; immer noch um Inseln und Riffe in küstenfernen Gewässern, weltweit aber leider nicht mehr angesichts der Industrieanlagen vieler Länder.

Ein Aquarianer sollte beim Planen versuchen, sein zukünftiges Meerwasseraquarium so auszustatten, daß sich darin ein Milieu entwickeln kann, welches so nahe wie möglich an das natürliche Biotop herankommt. Positiv an unserem technischen Zeitalter ist, daß wir heute die Möglichkeit haben, zuverlässige Geräte einzusetzen, mit denen man Luft und Wasser „bewegen" kann. Wir können das Redoxpotential (Red = Reduktion, – ox – = Oxydation, – potential = hier: Leistungsfähigkeit) einigermaßen zuverlässig steuern, wobei im Meerwasseraquarium stets ein hohes Potential angestrebt werden soll.

Meerwasser mit hohem Redoxpotential ist sehr sauber, meist sehr klar und schadstoffarm, dann leider aber auch fast ohne natürliches Plankton – erstes Glied in der

Nahrungskette der marinen Lebewesen, die uns so faszinieren (und jeden Besucher dazu).
Sicherlich hat sich schon jeder Aquarianer, der in die Meerwasseraquaristik einsteigen will, Gedanken über die dafür notwendige und einsetzbare Technik gemacht. Wer die Fachliteratur aufmerksam liest, wird immer wieder feststellen, daß die Autoren dieser Artikel mit ihren eigenen Entwicklungen gute Erfahrungen gemacht haben. Es wird über Tauchkreiselpumpen, Saugfilter, Topffilter, Rieselfilter, Flächenfilter, von biologischer und mechanischer Schnell- und Langsamfilterung, von Eiweißabschäumung, Ozonisierung und UV-Bestrahlung gesprochen. Kurz, es werden über eine Vielzahl technischer Geräte Abhandlungen geschrieben, die den Anfänger eher verwirren als aufklären. All das in diesem Buch ausführlich zu beschreiben, dafür fehlt der Platz.
In meiner langen Praxis habe ich oben erwähnte Techniken eingesetzt, und ich muß sagen, daß diese, richtig angewandt, berechtigt sind und viele Vor-, aber auch manche Nachteile mit sich bringen. Es gibt kein Patentrezept und auch keine Garantie dafür, daß ein bestimmtes System viel besser ist als andere. Die Hauptfehler, die gemacht werden, liegen woanders: Entweder wird der Besatz in den Meerwasseraquarien zu schnell vorgenommen; oder es werden Tiere zusammengesetzt, die sich untereinander nicht vertragen, sei es durch verschieden stark nesselnde Giftabscheidungen bei Wirbellosen oder durch unterschiedliche Lebensbedingungen, die nicht alle gleichzeitig geboten werden können. Auch die Freßgewohnheiten der Fische und ihre Aggressivität untereinander sollten berücksichtigt werden. Zielsetzung eines Anfängers sollte sein, aus den Erfahrungen

Steinkorallenformation in einem Maledivenriff: Nur scheinbar blaugrau-grün ist die Welt unter Wasser. „Mitgebrachtes Licht" läßt jede Höhle, jeden Überhang und jeden Spalt in den buntesten Farben erstrahlen. Aus Naturschutzgründen verzichten wir auf die Dekoration mit Steinkorallenskeletten. Für die Einrichtung bietet sich eine Vielzahl von anderen Gesteinen an, jedoch sollten diese keine Metalleinschlüsse haben.

und auch aus den Fehlern der „Alten Hasen" zu lernen. Dazu gehört eine gewisse Skepsis, aber auch Aufgeschlossenheit. Ihre eigene Erfahrung und Ihr eigenes Fingerspitzengefühl werden Ihnen im Laufe der Zeit dazu verhelfen, erfolgreich Meerwasseraquaristik zu betreiben. Gestatten Sie mir noch einmal darauf hinzuweisen, daß man versuchen sollte, zielstrebig einen kleinen Ausschnitt aus einem Riff im Aquarium nachzubilden, mit wenigen kleinen und für das Aquarium geeigneten Fischen. Nach all den Jahren meiner Praxis gebe ich mehr und mehr der natürlichen biologischen Filterung den Vorzug, weil sie sich bei mir als die beste erwiesen hat. Eine Filteranlage soll zweckmäßig sein, die an sie gestellten Forderungen, Wasserklärung und Wasseraufbereitung, erfüllen. Wenn sie auch noch gut übersehbar und leicht zugänglich ist, dann ist sie noch vorteilhafter.

Gerne arbeite ich in einem beispielsweise 300-l-Glasbecken mit einer Filterungstechnik, die ich für meine Belange und die meiner marinen Lebewesen entwickelte und die sich bei mir hervorragend bewährt hat: Es handelt sich um ein Innenüberlauffiltersystem, welches entsprechend der Aquariengröße mit einer oder bis zu fünf Kammern ausgestattet werden kann. Im Aquarien-Magazin Nr. 7/1986 finden Bastler eine ausführliche Selbstbau-Anleitung.

Hier möchte ich über mein Vorgehen beim Neueinrichten eines Beckens noch einmal kurz berichten: Links und rechts klebte ich ins Aquarium über Eck mit Silikonkleber je eine Kammer ein, schloß die Kunststoffrohrleitungen an und verankerte sie. Als Betriebspumpen steckte ich auf die aus jeder Kammer herausführenden Ansaugrohre von oben eine eintausend Liter fördernde Tauchkreiselpumpe. 1 000er-Pumpen bevorzuge ich, weil sie nur 16 Watt benötigen und dafür verhältnismäßig viel Wasser fördern, außerdem sind sie bei dieser Leistung außerordentlich langlebig. Natürlich kann man für sehr große Becken entsprechend stärkere Pumpen verwenden. Die Filterleistung, genauer: der Wasserdurchsatz durch die Filter pro Stunde entspricht etwa 80 % der Pumpenfördermenge, vorausgesetzt man wählt Filtermaterial, dessen einzelne Substratstücke einen Durchmesser von ca. zwei bis drei Zentimetern haben. Entsprechend der Leistung der Pumpen läuft das Wasser an der Oberfläche wie bei einem Gully über ein Siebgitter in den Filter. Um einen Wasserfall zu erzielen, dabei das Wasser schon mit Sauerstoff anzureichern, bevor es das Filtermaterial passiert, sollte der Wassereinlauf einer Kammer ca. 15 bis 20 Millimeter höher liegen als der der anderen Kammer. Ist ein Bekken sehr tief, so könnte man an der Rückseite genausogut ca. 10 bis 15 Zentimeter für eine Überlaufkammer abtrennen, oder aber bei einem langen Becken links und rechts je eine Kammer abteilen.

Je größer man die Filterkammern auslegt, desto mehr Filtermaterial kann man einfüllen. Das bedeutet: viel Filtermaterial, große aktive Oberfläche – große Fläche, viele abbauende Bakterien. Man sollte nun annehmen, wenn das Wasser so schnell durch einen Filter gerissen wird, könne keine biologische Filterung erfolgen, weil die Verweilzeit des Wassers zu kurz ist. Die Praxis hat aber gezeigt, daß die Wirkung durchaus hinreichend ist. Wählt man stark poriges Material, etwa Lavalit, Kunststoffbiobälle, Keramikröhrchen, vergrößert man automatisch die aktive Oberfläche, und diese wird auch noch durch die Hohlräume des Substrates vergrößert, somit ist die Besiedelung durch Reduzenten gewährleistet. Vielleicht dauert die Belebung der Filter etwas länger, auf jeden Fall ist sie nach einer bestimmten Betriebszeit genau so gut wie, wenn nicht sogar besser als in einem Langsamfilter. Wen dies nicht zufriedenstellt, der kann ja ohne weiteres eine Kammer mit einer nur wenig Wasser fördernden Pumpe ausstatten. Langsam laufende Biofilter aber (dies muß man einkalkulieren) sind, bedingt durch die Arbeit der aeroben Bakterien, starke Sauerstoffzehrer. In solchen Filtern ist es ratsam, zusätzlich zu durchlüften, beispielsweise im Gegenstromprinzip.

Für die Kammerfüllung stehen uns vielerlei Materialien zur Verfügung. Beim Füllen sollte man, wie schon erwähnt, Stücke von zwei bis drei Zentimetern Durchmesser verwenden. Folgende Materialien sind gut geeignet: Kieselsteine (nicht zu viele, da diese recht schwer sind), Lavalit, Keramikröhrchen, ganze Muschelschalen, Korallenbruch, Schneckengehäuse, Keramik- oder Kunststoffbällchen, Bims, Tuff, Basalt und viele andere. Mit diesem Material füllt man die Kammern zu zwei Dritteln. Obenauf kommen zwei bis vier Lagen Filterwatte- oder Filtermatte. So kann schnell und ohne große Eingriffe die obere Lage entfernt und ausgewaschen oder ausgetauscht werden. Das Filtersubstrat selbst bleibt über Jahre im Becken. Stattet man die Pumpen einer solchen Filteranlage mit unterschiedlichen Intervallschaltungen aus, dann bekommt man noch einen sehr positiven Effekt im Wirbellosenaquarium: Wir erhalten unregelmäßig wechselnde, dabei stärker und schwächer werdende, kurz gesagt, meeresähnliche Strömungen. Kein Blumentier wird im Riff ständig aus einer Richtung strahlförmig „angeblasen".

Rechte Seite: Für viele Lebewesen, beispielsweise auch für das hier abgebildete Großplankton (Nekton), ist das Meer unersetzlich.

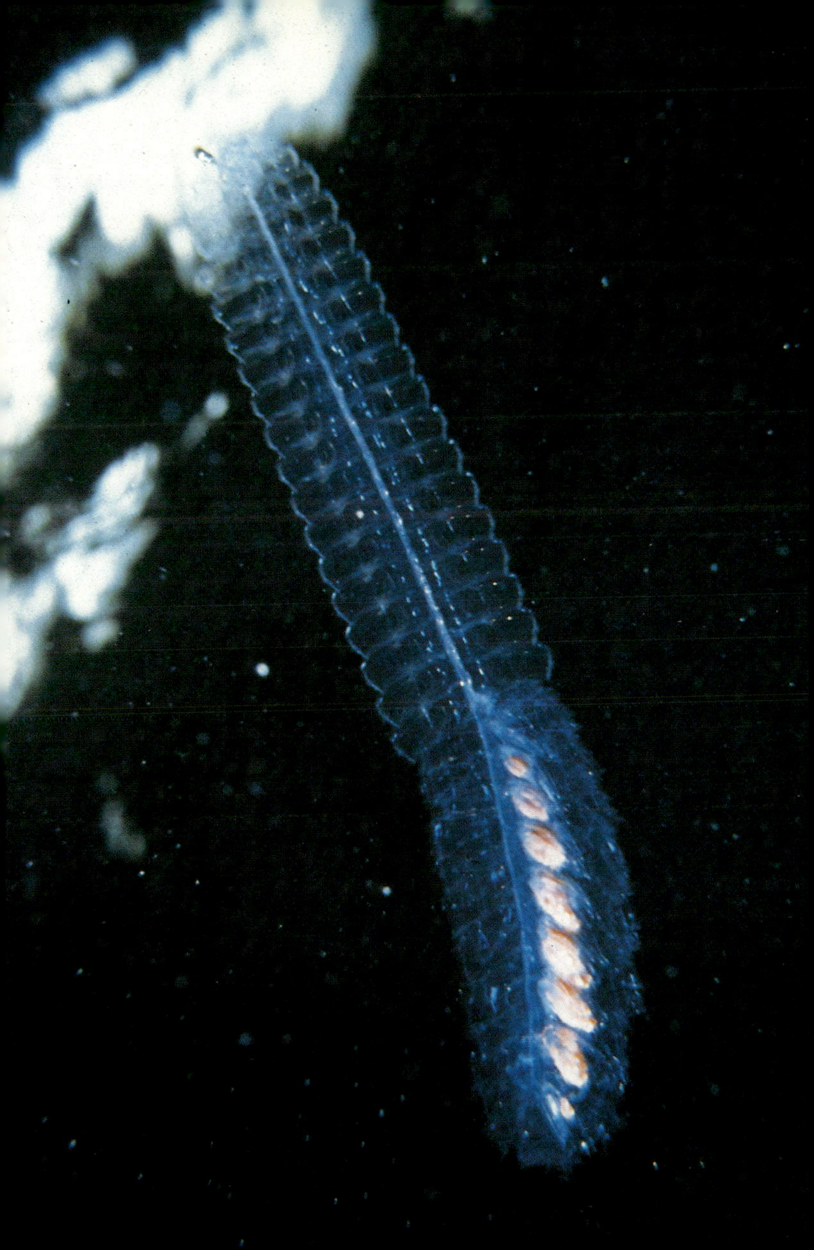

Beim Plazieren von Stein-, Horn-, Leder- oder Weichkorallen sollte man diesen Hinweis beachten.
Fallen die Pumpen durch Stromausfall über einen längeren Zeitraum aus (länger als zwei Stunden), so ist es wie bei allen stagnierenden Filtern ratsam, die Anlage gut durchzuspülen, was bei diesem Prinzip sehr einfach ist. Man senkt den Wasserstand im Aquarium so weit, daß über das Gitter nichts nachlaufen kann, füllt die Kammern mit Wasser und läßt über die Pumpen das Spülwasser ablaufen.
Bei diesem Filterprinzip bildet sich, durch ablaufendes Oberflächenwasser entsprechend ca. 80 % der Förderleistung der Pumpen, niemals eine „Kahmhaut" (von Bakterien gebildete Oberflächenschicht). Das Wasser, dessen Assimilation sowieso nur an der Oberfläche stattfindet, wird dadurch mit Luftsauerstoff angereichert, bevor es mit dem sehr aktiven Filtermaterial in Berührung kommt. Im ganzen Aquarium zirkuliert das Wasser, kurz eine wirklich empfehlenswerte Anlage.

Die Inbetriebnahme

Wer die Wahl hat, hat die Qual. Besonders zutreffend ist diese Formulierung für einen „Einsteiger" in die Meerwasseraquaristik, wenn er bei einem Importeur oder in einem Zoofachgeschäft vor einer Sendung mariner Lebewesen steht. Manchmal bietet sich ihm ein Anblick buntester Farben und vielfältigster Formen. Man neigt zu Anfang dazu, möglichst viele bunte Fische und Wirbellose in sein Aquarium zu setzen. Für viele „Juwelen des siebten Kontinents" endet aber ihr Dasein im Aquarium schon nach kürzester Zeit. Schuld daran ist unsere Unkenntnis über die Lebensbedingungen bei vielen Lebewesen. Vorzuziehen sind Tiere, die auch in ihrem Ursprungsgebiet keinen allzu großen Lebensraum beanspruchen. Die meisten erwachsenen Korallenfische sind regelrechte „Persönlichkeiten", manche Larven und Jungtiere nur Glied in der Nahrungskette. Beim Fachhändler wird manchmal eine anscheinend einfache „graue Maus" leicht übersehen, die dann zu Hause im Aquarium recht individuelles und interessantes Verhalten entwickeln würde. Empfehlungen für Besetzungen von Meeresaquarien fallen von jedem Autor anders aus, weil hier auch Emotionen eine große Rolle spielen. „Nobody is perfect", dies, so meine Bitte, möge man beim Lesen dieses Buches berücksichtigen. Wenn man die Möglichkeit hat, etwas besser oder gar genau richtig zu machen, dann kann dies nur zum Vorteil unserer zu pflegenden Tiere sein.

Ist nun Ihr erstes Meerwasserbecken eingerichtet, das Wasser eingefüllt (denken Sie daran, es muß Salz hinein), sind die Filter in Betrieb genommen, die Schlauchleitungen und das Becken vielleicht sogar auch dicht, ist kein Wasser auf dem Wohnzimmerteppichboden und kein Kurzschluß in den Stromleitungen, so kann man seine Beleuchtung einschalten. Ich erspare es mir, auf viele Lampentypen einzugehen, die Werbung sorgt hier für entsprechende Information. Über richtige und falsche, gute und schlechte Beleuchtung kann man unzählige Seiten füllen.

Wählen Sie die Beleuchtung entsprechend den Anforderungen der Tiere, die Sie pflegen wollen; streben Sie Licht an, welches dem Tageslichtspektrum so nahe wie irgend möglich kommt; und schalten Sie die Lampen über eine Schaltuhr in einem 12-Stunden-Rhythmus.

Am ersten Betriebstag werden Sie „fasziniert" sein. Eine trübe, milchig-weiße Brühe (verursacht durch Gipsausfällung), durchsetzt von Luftblasen, bietet sich Ihrem Blick. Funktionsstörungen jeglicher Art stellen sich ein. Wie gut daß Sie noch keine Tiere gekauft haben, welche schnell ins Wasser müssen. Nach ungefähr einer Woche sehen Sie aber schon ein strahlend helles Becken, äußerst dekorativ, und darin klares Wasser. Halt, Vorsicht, so gut alles aussieht, träumen Sie von Ihren Tieren, aber rennen Sie nicht los und kaufen etwas. Beobachten Sie, wie sich das Becken entwickelt, und messen Sie Ihr Wasser durch, wenn möglich täglich, vor und nach einer Wasserbelastung. Je öfter Sie zu Anfang messen, desto weniger brauchen Sie dies nach zwei, drei Jahren zu tun. Heute, nach meiner langjährigen Praxis, genügt es mir meistens, wenn ich einen Blick ins Becken werfe – oder schnuppere. Ein kurzes Riechen an der Wasseroberfläche sagt mir sehr viel über meine Wasserverhältnisse. Ich kenne meine Fische, seit Jahren merke ich an ihrem Verhalten, ob das Wasser in Ordnung ist, und ich sehe ihnen an, daß es ihnen gut geht. Ich sehe, ob sie gut gelaunt sind oder mürrisch, zum Streiten aufgelegt oder ob z. B. mein Pärchen Anemonenfische ablaichen will, zum einhundertdreiundfünfzigsten Mal.

Haben Sie in Ihrem Bekanntenkreis einen anderen Meeresaquarianer, so bitten Sie diesen nach vierzehn Tagen um zehn Liter „Altwasser" aus einem möglichst grünen Becken, und tauschen Sie es mit Ihrem eigenen aus. Vielleicht gibt er Ihnen auch drei oder vier faustgroße Brocken seiner Dekoration, möglichst etwas bewachsen. Lassen Sie sich auch eine „Handvoll" altes Filtermaterial für Ihre Filter geben, es genügt, wenn Sie

es ohne Wasser, aber feucht, transportieren. Wenn Sie Geduld aufbringen und in dieser Art und Weise über einen Zeitraum von sechs und mehr Wochen verfahren, dann können Sie Ihr Aquarium endlich besetzen!
Es ist für mich äußerst schwierig zu sagen, ob Sie nur Wirbellose pflegen sollen oder diese mit Fischen vergesellschaften. Wie erwähnt, muß man wissen, daß manches in dem einen Aquarium harmoniert, was in einem anderen trotz ähnlicher, vielleicht sogar wesentlich besserer Bedingungen, unmöglich zusammen gehalten werden kann. Natürlich spielt die finanzielle Seite eine große Rolle, und wir wissen heute, daß es sehr teure Meeresbewohner gibt, die sehr schön, sehr hart, ausdauernd und leicht zu pflegen sind. Andere wiederum sind recht billig, aber niemals dazu bereit, die Lebensbedingungen in einen Aquarium zu akzeptieren.
Die große Vielfalt mariner Kleinlebewesen für die Aquarienhaltung zu empfehlen oder nicht, die r i c h t i g e Vergesellschaftung im Aquarium vorzunehmen, halte ich für fast unmöglich. Die Pflege ausgesprochener Nahrungsspezialisten sollte man unterlassen, es sei denn, man ist sich sicher, daß man sie ernähren kann. Das Bild auf Seite 27 zeigt Plankton – erstes Glied in der Nahrungskette –, und es ist faszinierendes driftendes Leben, für manche Meeresbewohner durch nichts zu ersetzen. Jedem Aquarianer empfehle ich das Studium unserer Aquarienzeitschriften, man kann aus vielen Artikeln Wertvolles entnehmen, nur, die Erfahrungen, die muß man selber machen, aus eigenen und aus Fehlern anderer lernen.
Die Ozeane mit ihren Korallenriffen beherbergen viele interessante Lebewesen. Ein kleiner Ausschnitt aus einer wundervollen Welt, aus einer Welt voller Wunder,

ist ein Meerwasser-Riffaquarium, eine faszinierende Alternative zur Süßwasseraquaristik. Erleben Sie fortan diese Wunderwelt nun am Feierabend bei sich zu Hause.

Mittelmeeraquaristik – für „Umsteiger" empfehlenswert

So mancher Süßwasseraquarianer mit einiger Erfahrung würde gerne den Schritt wagen und in die Meerwasseraquaristik „einsteigen". Der Stand der heutigen Technik ermöglicht dies ohne Zweifel, und das vielen Aquarianern eigene Fingerspitzengefühl erleichtert es ihnen, auch ohne allzu großen Aufwand, Einblick in die wunderbare Welt des marinen Lebens zu bekommen.
Der endgültige Schritt dazu könnte ein Urlaub am Mittelmeer sein, denn welcher Aquarianer, der sich intensiv mit seiner Liebhaberei befaßt, interessiert sich nicht für das Leben am und im Wasser. Meist beginnt er abseits des Touristenrummels zu schnorcheln oder auch zu tauchen, und immer mehr nimmt dabei der Wunsch Gestalt an, auch während der langen Monate, in denen er zu Hause ist, einen geringen Teil dieser Lebensvielfalt in Ruhe zu beobachten.
Da im Zoofachhandel kaum, und wenn, dann selten, Mittelmeertiere zu bekommen sind, wird man sie selbst suchen, sammeln und fangen müssen, am Urlaubsort für kurze Zeit halten und mit Sorgfalt nach Hause transportieren. Die intensive Beschäftigung mit unserer Liebhaberei, das genaue Beobachten der Tiere im natürlichen Lebensraum, gibt uns wertvolle Hinweise für Pflege, Haltung und Vergesellschaftung. Farbenpracht, Verhal-

tensweisen und Individualismus sind bei Mittelmeertieren nicht weniger ausgeprägt als bei tropischen Tieren, aber sie sind, wenn man es so ausdrücken will, in mancher Hinsicht sogar leichter zu pflegen. Einige Wirbellose aus dem Mittelmeer, die ich während meiner langjährigen Praxis als Meeresaquarianer selber fing und viele Jahre zu Hause pflegte, deshalb mehr oder weniger empfehlen kann (manche mit Vorbehalt), möchte ich hier vorstellen:

Zylinderrosen – Ceriantharia

Mit diesen „Feuerwerken unter Wasser" sind in mir Emotionen entstanden, nicht zuletzt deshalb, weil es die ersten Meerestiere waren, die ich pflegte und mit denen ich den „Einstieg" in die Meerwasseraquaristik wagte. Ich sah diese „Blumen der Meere" vor vielen Jahren im Aquarium der Wilhelma in Stuttgart und im Exotarium des Frankfurter Zoos. Von einem Becken mit Zylinderrosen geht eine einmalige Faszination aus, weil sie, in verschiedenen Größen und Arten, unwahrscheinlich farbvariabel sind und einfach das Bild der Wunder marinen Lebens am besten schaffen. Sie begegneten mir bei Schnorchel- und Tauchexkursionen im Mittelmeer und in tropischen Meeren, vom verschmutzten, verschlickten Flachwasser bis in größere Tiefen mit glasklarem Wasser. Daß es mehrere Arten gibt, beweist die Tatsache, daß man manche Tiere nicht miteinander vergesellschaften kann, weil sie sich gegenseitig nesseln. Auch ist der Körperbau der Arten unterschiedlich, und die Bauweise ihrer Chitinröhren weicht voneinander ab. Zylinderrosen bevorzugen stagnierende Gewässer, und man sollte sie im Aquarium keiner starken Strömung aussetzen. Ist das Wasser allzu bewegt, wandern sie ständig umher, eine Schleimspur hinterlassend, und suchen einen ruhigen Platz. Damit sie ihre Wohnröhre bauen können, sollte man ihnen nicht allzu groben, dafür aber einen etwas höheren Bodengrund (ca. 10 bis 15 cm) bieten und sie, falls sie wandern, ganz in Ruhe lassen. Zylinderrosen lieben das Dunkel, sie sind Kinder der Nacht, wenngleich sie im Aquarium auch tagaktiv werden. Bei Tagtauchgängen im Biotop sieht man sie oft nur wenig entfaltet oder auch bloß ihre Röhren. Bei Dämmerung aber und bei Nacht stehen sie springbrunnengleich in voller Größe (bis 40 cm Tentakeldurchmesser) und fischen nach Plankton, sich reckend und streckend, um nach dem Prinzip der Oberflächenvergrößerung möglichst viel von diesem zu erbeuten. Beim Ausgraben unter Wasser war ich oft schon einem Nervenzusammenbruch nahe: verschwunden in ihren manchmal meterlangen Röhren, waren sie nicht zu erbeuten. Zylinderrosen kann man mit „deftigem" Ersatzfutter wie fingernagelgroßen Stückchen Fischfleisch, Muschelfleisch, Sepiafleisch, auch kleinen Regenwürmern, Tubifex etc. ernähren. Höchstens zweimal die Woche sollte man füttern, ein Zuviel des Guten schadet ihnen, sie stoßen oft unverdaute Brocken aus, und diese belasten das Aquariumwasser stark.

Zylinderrosen kann man zwar mit verschiedenen kleinen Fischarten gemeinsam pflegen, richtiger ist es aber, sie in einem speziellen Wirbellosen-Aquarium zu halten. Sind andere Blumentiere im Becken, sollte man darauf achten, daß sie mindestens 30 cm Abstand zur Zylinderrose haben. Empfindlich reagieren Zylinderrosen auf Salzkörnchen, auf Dichte- und auf Temperaturschwankungen. Große Einsiedlerkrebse, Krabben und Fische, zum Beispiel Brassen, verschiedene größere

Grundeln und Lippfische fressen an den Zylinderrosen herum und sollten deshalb in einem anderen Aquarium gepflegt werden. Guter Zubesatz für Zylinderrosen sind absolut festsitzende (sessile) Wirbellose wie Schraubensabellen *Spirographis spallanzani*, Pfauenfederwürmer *Sabella pavonina*, Kalkröhrenwürmer *Serpula vermicularis*, Seescheiden Ascidiacea, Hornkorallen (Gorgonaria) und sich langsam bewegende Tiere wie nichträuberische Seesterne und Schnecken.

Pferdeaktinien Actiniaria

Die bekanntesten Varianten der Pferdeaktinien sind unter den Namen Purpur-, Erdbeer- oder Gürtelrosen geläufig. Am häufigsten werden *Actinia equina* und *Actinia cari* gepflegt; sie kommen nicht nur im Mittelmeer, sondern auch an den europäischen Atlantikküsten und der Nordsee vor. Eine bildhübsche Aktinie, strahlend rot und mit himmelblauen Punkten, lebt an der kalifornischen Pazifikküste. Wie viele dunkelrot gefärbte Meerestiere, lebt die Mittelmeerpurpurrose an den Schattenseiten der Felsküsten. An den vom direkten Licht abgewandten Stellen „sitzen" sie bei Ebbe sogar außerhalb vom Wasser. Jetzt ist es besonders einfach, die kaum fünf Zentimeter im Durchmesser betragenden Kugeln vorsichtig am Fuß mit dem Daumennagel abzulösen. Ein Transport in feuchtem Zustand ist völlig ausreichend, indem man sie z. B. einzeln in die Vertiefungen eines Eiswürfelbechers aus Plastik setzt und mit luftdurchlässigem Gewebe abdeckt – ein einfaches Verfahren aus der Praxis.

Im Aquarium haften sie zunächst einmal dort, wo man sie hinsetzt, und bleiben auch noch eine Weile verschlossen. Ihre „Innere Uhr" ist noch nicht umgestellt, zudem sind sie Hoch- und Niedrigwasser gewöhnt, was man ihnen im Aquarium kaum bieten kann. Aber die Anpassungsfähigkeit der Pferdeaktinien ist enorm, und der „Futtergeschmack" läßt sie bald ihre Tentakeln entfalten. Starke Wasserbewegung ist für sie wichtig, da sie dauernd Schleim absondern und dieser sich wie ein Mantel um die Körper legt.

Jedes tierische Futter, ob lebend oder in Tablettenform, wird angenommen. Gezieltes Füttern der verschiedenen Pferdeaktinien hat zur Folge, daß sie im Aquarium recht groß werden. Immer wieder gefällt mir, wenn ich in ein Mittelmeeraquarium blicke, ihre intensive rote Farbe; werden sie mit einer GroLux-Röhre beleuchtet, wird ihr schönes Rot noch hervorgehoben. Es ist kein Problem, sie auch zu mehreren zu pflegen, und hat man sie an höhere Temperaturen gewöhnt, so sind sie gegenüber tropischen Aktinien nicht weniger beachtenswert.

Wachsrosen – Anemonia

Die größte und in ihrer Färbung sehr variable Anemone des Mittelmeeres ist die Wachsrose. Um es gleich vorwegzunehmen und keine falschen Hoffnungen aufkommen zu lassen: *Anemonia sulcata* gehört in ein eigenes, besser gesagt: in ein spezielles Biotopbecken, da sie zu den am stärksten nesselnden Blumentieren gehört. Bei einem kleinen Schnorchelgang langte mein leider unerfahrener Begleiter in eine große Wachsrose. Die leicht abreißenden Tentakeln blieben an seiner Hand kleben, und unvorsichtigerweise fummelte er anschließend auch noch an seiner Gesichtsmaske herum, um eingedrungenes Wasser auszuleeren. Dabei gerieten einige Tentakelspitzen zwischen Maskenrand und Gesichtshaut. Im kühlen Wasser nahm er keine sonderliche Notiz davon, und er begann, nachdem es anfing im Gesicht zu brennen, auch noch mit der Hand zu reiben. Schon auf dem Rückweg zum Campingplatz noch am Strand fing der Ärger an. Das Gesicht meines Begleiters begann anzuschwellen, er reagierte überempfindlich auf das Nesselgift und mußte zum Arzt. Tags darauf war das Gesicht voller Blasen, vergleichbar mit einer hochakuten Herpesinfektion. Für den Ärmsten war der Urlaub mit Schnorcheln zu Ende, er fuhr nach Hause, denn er konnte nicht mehr ins Wasser. Noch mehr riskieren wollte er auch nicht.

Wer aber mich so verstanden hat, daß man Wachsrosen nur allein in einem Mittelmeeraquarium pflegen könne, und dann mit Recht behauptet, dies sei langweilig, dem sei gesagt, daß gerade diese Anemonen Partneranemonen für einige Krebse, Garnelen und Fische sind. So leben kleine Spinnenkrabben, kleine Grundeln *(Gobius bucchichii)* und Schwebegarnelen in oder nahe bei den stark nesselnden Wachsrosen. Setzt man die Partner zusammen in ein Mittelmeeraquarium, so kann man vieles beobachten, Freßgemeinschaft und Schutzsuche zum Beispiel.

Auch vermehren sich gelegentlich Wachsrosen im Aquarium durch Teilung. Dies zu beobachten kann schon mehrere Stunden in Anspruch nehmen. An Wachsrosen heranzukommen ist überhaupt kein Problem, wir finden sie im Flachwasser oft zu Hunderten. Im Aquarium brauchen sie, im Gegensatz zu den Erdbeerrosen, viel Licht, da ihre Färbung von den schon erwähnten, in ihnen lebenden einzelligen Algen (Zooxanthellen) herrührt, die lichtaktiv sind und zur Ernährung der Anemone beitragen. Obwohl Wachsrosen ansonsten gierige Fresser sind und fast jegliches gereichte Futter vertilgen, benötigen sie zusätzlich Stoffwechselprodukte (z. B. Glucose), die bei der Photosynthese der Zooxanthellen anfallen. Wachsrosen und Zylinderrosen dürfen keinesfalls zusammen in einem Becken gepflegt werden, und es ist auch riskant, andere nesselnde Wirbellose mit ihnen zu vergesellschaften. Außerdem sollte man beachten, daß schreckhafte Fische und Garnelen Todeskandidaten sind, wenn sie plötzlich in eine Wachsrose geraten. Sie können sich nicht mehr aus ihr befreien, und wenn doch, dann sind sie so stark geschädigt, daß sie sterben.

Glasrosen – Aiptasia

„Was kann ich gegen meine Glasrosen machen? Sie vermehren sich derart stark in meinem Aquarium, daß sie die anderen Wirbellosen vernesseln und schädigen", so bekommt man oft von Meeresaquarianern zu hören. Ein Patentrezept, sie wieder loszuwerden, gibt es nicht. Freilich kann man mit verdünnten Chemikalienlösungen (Salzsäure, Kupfersulfat etc.) versuchen, sie zu beseitigen. Dies aber ist ein Eingriff in das Aquarium, der nicht befürwortet werden kann.

Wenn wir auf der einen Seite versuchen, mit allen uns zur Verfügung stehenden Mitteln eine optimale Wasserqualität durch großvolumige biologische Filterung mit entsprechender Nitrifikation, durch Abschäumung, durch Anhebung des Redoxpotentials usw. zu erreichen, können wir auf der anderen Seite nicht mit Chemikalien experimentieren, deren Handhabung in die Hände der Wissenschaftler gehört. Da Glasrosen meist zufällig mit irgendeinem Stein eingeschleppt werden und sich dann stark vermehren, könnte man sich mit dem Gedanken tragen, sie einfach für sich in einem

Als Kommensale (Tischgenosse) lebt die Partnergarnele *Periclimenes amethysteus* im Mittelmeer unter anderem auch in der Trompetenglasrose *Aiptasia mutabilis*. Für einen Meerwasseraquarianer, der sich mit Mittelmeeraquaristik befaßt, ist diese Partnerschaft in seinem Becken äußerst interessant und sehr beobachtenswert.

separaten Becken zu akzeptieren. Auch so ein Aquarium kann viel Freude bereiten, zumal wenig Aufwand nötig ist, es zu betreiben, und man die Aiptasien mit kleinen Einsiedlerkrebsen, Mittelmeer-Blenniden, kleinen Seeigeln, Röhrenwürmern und Seesternen durchaus vergesellschaften kann. Irgendwann löst sich das

Problem von ganz allein, denn vielleicht bekommt ein *Salaria (Blennius) pavo* oder ein Seeigel, vielleicht auch ein Seestern Lust auf Zusatznahrung in Form von *Aiptasia diaphana,* und siehe da, auf einmal werden sie weniger, auch wenn sich ständig von ihrem Fuß noch Teilchen abtrennen und zu Jungtieren werden.

Hingegen drei oder vier der sehr schönen Trompetenglasrosen mit ihren Partnergarnelen in einem Mittelmeerbecken zu besitzen, diese wenn möglich auch noch selbst gefangen, ist schon beinahe „Hohe Schule" der Mittelmeeraquaristik. Man findet *Aiptasia mutabilis* recht häufig im lichtdurchfluteten Flachwasser auf Steinen und in Felsspalten. Flammengleich züngeln ihre bräunlich gefärbten Tentakel ins Wasser, und wenn man sie mit dem Substrat aus dem Biotop nehmen kann, lassen sie sich außerhalb, vorsichtig mit dem Fingernagel kratzend, gut ablösen. Da Aiptasien auch sehr große Futterbrocken bewältigen können und fast alles fressen, kann man auch sie gut mit Ersatzfutter ernähren und über Jahre im Aquarium halten. Sie mit anderen Seeanemonen im gleichen Becken zu vergesellschaften, ist nicht empfehlenswert, da sie stark nesseln. Daß aber auch hier Ausnahmen die Regel bestätigen, kann ich selber beweisen: Über Jahre pflegte ich Glasrosen, Zylinderrosen, Erdbeerrosen und Edelsteinrosen zusammen mit Grundelchen in einem Becken.

Begegnungen der „Dritten Art"

Ebenso wie im Meerwasseraquarium Quallen sporadisch auftauchen, geschieht dies auch hin und wieder, entsprechende Bedingungen vorausgesetzt, mit abgelösten Medusen von Scyphopolypen. Meistens sieht man diese sternchen-, manchmal auch blasenförmigen „Fallschirmchen" für einen nur kurz bemessenen Zeitraum im Aquarium. Sie gelten als Plankton, solange sie zwei Millimeter Körpergröße nicht überschreiten, und sie werden von manchen Fischen und Wirbellosen gefressen. Kurzzeitig waren sie ein Glied in der Nahrungskette und als Lebendfutter eine willkommene Abwechslung für andere Beckeninsassen.

Was aber daraus werden kann, oft durch Zufall, konnte ich während meiner Praxis als Aquarianer einmal über einen Zeitraum von sechs Monaten in einem mir besonders ans Herz gewachsenen Mittelmeeraquarium beobachten. Sauberkeits- und Schönheitsfanatiker würden dieses ca. 70 l fassende Aquarium mit Recht als „Gammelbecken" bezeichnen. Aber gerade in solchen Gammelbecken entwickeln sich, läßt man sie in Ruhe, Lebensformen und Lebensbedingungen, die man nicht gezielt einbringen oder erreichen kann. Im September 1980 wurde dieses kleine Becken nach einem Mittelmeerurlaub mit selbstgefangenen Mittelmeertieren besetzt. Eingerichtet hatte ich dieses Aquarium aber schon 1978, und zwar mit einem kleinen, selbstgebastelten Innenblubberfilter, einigen Kalksteinen und Amphorenscherben. Das Wasser war ursprünglich Wegwerfwasser aus anderen Becken, wurde aber mit Originalmeerwasser gemischt und nur noch mit Süßwasser aufgefüllt. Für drei Jahre diente es als Ausweichbecken. Die Wassertemperatur erreichte im Sommer 27 °C, im Winter fiel sie ab auf 18 °C. Besetzt wurde dieses Becken dann mit fünf Schwarzkopfschleimfischen *Lipophrys nigriceps*, zehn Felsengarnelen *Palaemon elegans*, einem Stein mit Kalkröhrenwürmern *Serpula*, zwei

Trompetenseerosen (Aiptasien) mitsamt deren vier Symbiosegarnelen *Periclimenes amethysteus*. Ende 1983 lebten in diesem Becken noch drei Blenniden, acht Garnelen, eine Aiptasie mit zwei Untermietern.

Nach fast vier Jahren, im Januar 84, sah ich dann wieder einmal ca. 20 Medusen im Wasser durchs Aquarium schwimmen. Nach dem bekannten Rückstoßprinzip bei der Kontraktion ihres Körpers bewegten sie sich durchs Aquariumwasser. Beim genaueren Hinsehen stellte ich fest, daß diesmal die kleinen Quallen doch schon etwas größer waren als die vorhergehende Generation. Sie maßen ca. 3 mm im Durchmesser und entwickelten zu diesem Zeitpunkt immer längere Nesselfäden. Die Garnelen und die Fische nahmen keine sonderliche Notiz von ihnen, wichen ihnen aber aus, kamen die Medusen zu nahe. Ich stellte dann fest, daß eine zufällig in die Fangarme der Trompetenglasrose getriebene Qualle zwar kurzzeitig festgehalten wurde, das Blumentier sie aber nicht zum Gastralraum beförderte, ja es versuchte sogar, die Meduse wieder loszuwerden. Die Berührungsstellen der Tentakel mit den Nesseln der Quallen waren deutlich bei der Aiptasie zu sehen. Dies bewies mir, daß die Nesselfähigkeit der Quallen größer ist.

Das Aquarium war mit grünen Fadenalgen dicht bewachsen. Zugefüttert wurden von mir ausschließlich Flocken- und Tablettenfutter sowie hin und wieder ein Liter Planktonwasser und Wasserreste aus einem Ansatz einer Artemiakultur. Wöchentlich mußte ich verdunstetes Wasser auffüllen und nahm dazu Wasser direkt aus dem Wasserhahn.

Selten machte ich die Sichtscheibe sauber, und wenn, dann nur, um fotografieren zu können. Trotz genauester Beobachtung sah ich bei den kleinen Quallen keine

Auf einmal tauchten solche Quallen in einem meiner Mittelmeeraquarien auf. Dies war für mich fast wie eine Begegnung der „Dritten Art".

Futteraufnahme. Von Woche zu Woche wurde die Anzahl kleiner, die verbliebenen Tiere aber wuchsen zusehends. Mitte Juli zählte ich noch sechs Quallen. Ihr Körperdurchmesser betrug nun ca. 12 Millimeter, die Länge ihrer stark mit Nesselkapseln besetzten Arme ca. 20 Millimeter. So um die 3 Zentimeter Gesamtdurchmesser haben sie insgesamt erreicht, und dies, so schien mir, ausschließlich durch den Stoffwechsel von im Wasser völlig gelöster Nahrung. Zu diesem Zeitpunkt schwebten sie dann nicht mehr so oft durchs Wasser, sondern sie hefteten sich mit ihren Armen an der Frontscheibe fest oder auch auf dem Grünalgenteppich. Begaben sie sich aber ins freie Wasser, so bewegten sie sich rhythmisch und anscheinend völlig schwerelos. Ein faszinierender Anblick war dies, phantastisch wie die Begegnung mit einem Ufo. Ich selbst fragte mich, wo wohl die Energie herkommt, mit der sie sich fortbewegen, zeigt ihr Organismus doch außer dem auf den Bildern deutlich sichtbaren Antriebsmechanismus – spiralfederbeinengleich – keine nennenswerte Körpersubstanz. Etwas länger als ein halbes Jahr konnte ich diese seltsamen Lebewesen voller Staunen beobachten, dann verschwanden sie wieder, unauffällig. Sie gingen, wie sie gekommen waren, zufällig, staunenswert, phantastisch und faszinierend, ja berichtenswert.

Obwohl ich einige Jahre lang hoffte, bis zur Niederschrift dieses Manuskriptes noch einmal das Gleiche zu erleben, war mir dies nicht vergönnt. Vieles ist in einem Meerwasseraquarium reproduzierbar, aber, und daran sollten wir immer wieder denken, manches entsteht von ganz allein.

„Aquariomariniumgitis", eine rätselhafte Erkrankung am Mittelmeer

„Ach wenn ich nur ein Fischlein wär'" – solche und ähnliche Sprüche pflegte meine Frau schon seit einigen Jahren loszulassen. Zum ersten Mal zu der Zeit, als sich bei mir eine chronische und vermutlich unheilbare Krankheit bemerkbar machte, die für mich erträglich, wenn nicht sogar angenehm war. Die medizinische Diagnose dafür könnte lauten wie die Überschrift: „Aquariomariniumgitis".

Einige typische Symptome dieser Krankheit treten schon bei der Planung eines Mittelmeerurlaubs auf. „Normale" Urlauber beladen ihre Autos mit Campingausrüstung, Liegestühlen, eventuell noch Surfbrett usw. Diejenigen aber, die von der „Aquariomariniumgitis" befallen sind, bauen zuerst einmal den Rücksitz aus. Auf diesen gewonnenen Platz kommen dann mindestens drei Styroporkisten, gefüllt mit einer kleinen Sauerstoffflasche, Druckminderventil, Gummiringen, einer 220-Volt-Luftpumpe, einer 12-Volt-Luftpumpe, einem Umformer – von 12 Volt auf 220 Volt –, einem Batterieladegerät, diverse Adapter für die Preßluftflasche, verschieden große und verschieden geformte Handnetze, Plastikschlauch, Kreuzstücke, Schlauchklemmen, ein selbstgemachter Spaten aus V2A-Stahl und Fotoküvetten. Darüber legt man dann Luftmatratzen, Schlafsäcke, Decken und obendrauf seine drei kleinen Töchter. In den Kofferraum kommt die Tauch- und ABC-Ausrüstung (diese mal fünf), in die verbliebenen Lücken die Wäsche (ebenfalls fünfmal). Irgendwelche Restplätze werden mit verschraubbaren Plastikbehältern zugestellt. Auf das Dach kommt das Zelt mit dem Gestänge, und die, die „gern ein Fischlein wär", bekommt drei übereinandergestellte Eimer und eine Kühltasche zwischen ihre Beine gesetzt, gefüllt mit Reiseproviant, und schon geht's los Richtung Süden, in diesem Falle auf eine jugoslawische Kvarnerinsel in der Adria.

Salaria (Blennius) pavo. Demonstrativ trägt das Männchen des Pfauenschleimfisches nach der Geschlechtsreife einen Helm. Das höckerartige Fettpolster auf dem Hinterkopf wird machmal bis eineinhalb Zentimeter hoch.

Nie begreife ich die Zollbeamten, die wollten immer alles so genau wissen, und ausgerechnet unser Fahrzeug fiel zur näheren Untersuchung unter die Autos, die zur Seite beordert wurden. Hatte ich den Beamten dann alles gezeigt und erklärt, wozu was benötigt wurde, dann glaubte ich beim Losfahren im Rückspiegel eine ganz bekannte und unmißverständliche Geste zu sehen. Auch von dieser Erkrankung nicht Befallene kennen das mehrmalige Antippen des meist rechten Zeigefingers an die Stirn.

Nach längerer Fahrzeit mit Pausen kommt man schließlich an Ort und Stelle an, wenn man Glück hat, bekommt man einen Zeltplatz mit Stromanschluß. Hat

Roter Schwarzkopfschleimfisch *Lipophrys nigriceps*: Weibchen (oben); balzendes Männchen (unten).

man Pech, muß man dafür sorgen, daß man das Auto neben das Zelt bekommt. Meist baut man das Zelt und alles andere dann gleich auf, die von „Aquariomariniumgitis" Befallenen begeben sich zuerst einmal Richtung Meer und sondieren prüfend und mit zitternden Nüstern das Terrain. Tiefes Einatmen sagt unsereinem schon, ob es in der Nähe Seegraswiesen oder Schlickgründe gibt. Wenn man öfter an den gleichen Ort fährt, weiß man sowieso, wo sich die für uns interessanten Tiere aufhalten oder niedergelassen haben.

Spätestens am zweiten Tag – das Zelt mußte leider schon am ersten Tag aufgestellt werden – baut man seine mitgebrachten Styroporkisten auf, installiert Luftleitungen und schließt seine Luftpumpe ans Stromnetz (eventuell an seine Autobatterie eine 12-Volt-Pumpe, diese bewährt sich immer bei dem häufigen Stromausfall auf südlichen Campingplätzen). Gekocht wird vor dem Zelt, sonst wird es darin selbst zu warm, dafür ist es gut, wenn man seine bessere Hälfte schon frühzeitig an seine Erkrankung gewöhnt. Rücksichtsvoll wird sie dann fast alle Eigentümlichkeiten akzeptieren. Wenn es dann nachts im Zelt so richtig blubbert und quallert, dann schläft ein Meerwasseraquarianer so richtig gut. Die leider nicht als Fischlein geborene Angetraute paßt dann immer auf, denn wenn durch Stromausfall diese Geräusche ausbleiben, muß sie den neben ihr schlafenden Kranken wecken.

Leute wie wir werden komischerweise von anderen Urlaubern genau beobachtet. Geht man schon frühmorgens mit zwei Eimern an den Strand, um frisches, klares und sauberes Wasser für seine gefangenen Fische und gesammelten Wirbellosen zum Wasserwechseln zu holen, wird man darüber aufgeklärt, daß man sein Auto besser nicht mit diesem Wasser wäscht. Ein weiteres Symptom könnte sein, daß einen die anderen Camper für unhöflich halten, wenn man in solchen Situationen einen bekannten Spruch in den Bart murmelt und selbst mit dem Finger an die Stirn tippen will. Man muß viel Zeit aufwenden und ganz ruhig und geduldig Aufklärungsarbeit betreiben.

Normale Urlauber sitzen oder liegen am Strand und schwimmen ab und zu ein wenig. Unsereins erkennt man am Wasserschleppen und an einer eigenartigen Aufmachung und Verhaltensweise. Meistens stehen am Strand auf einem Stein zwei Eimer, nicht weit davon stehen wir in gebückter Haltung mit Turnschuhen im Wasser, hoch den Hintern, den Kopf halb naß, den Schnorchel in kräftigen Fontänen ausblasend. Zu Beginn des Urlaubs leuchten die Schultern schön rot, wie zwei Rückstrahler, das kommt von der intensiven Strahlung direkt an der Wasseroberfläche und nennt sich Sonnenbrand. Ein verschraubbares Marmeladenglas, Handnetze, Klopfwerkzeuge, Messer, so etwas haben wir immer mit, selbst wenn kein flacher Sandstrand da ist, sondern, wie es in Jugoslawien oft der Fall ist, man stellenweise extreme Klettertouren an den Steilküsten ausführen muß, um an entsprechende Biotope zu kommen.

Gerade an schwer zugänglichen Stellen, wo man lange Schwimmstrecken zurücklegen muß oder halsbrecherische Kraxeleien zu veranstalten hat, findet man an der sonnenabgewandten Seite von Felsküsten einen wunderschönen, anspruchslosen und pflegeleichten Schleimfisch: *Lipophrys (Blennius) nigriceps,* der jederzeit in seinem Verhalten und in seiner Färbung mit einem Korallenfisch konkurrieren kann.

Ähnlich wie die Männchen von *Lipophrys (Blennius) canevae* zeigen auch hier die territoriumbeherrschenden oder brutpflegenden Männchen eine Maskenfärbung, wenn sie aus ihren Löchern schauen oder miteinander streiten: die Wangen goldgelb und der restliche Kopf blauschwarz. Die Männchen fängt man am besten, indem man vorsichtig mit einem kleinen Wasserfarbenpinsel (man muß ihn natürlich bei sich haben) in die Wohnröhre stochert und darunter das Handnetz hält. Nimmt man den Pinsel heraus, dann kommt wutentbrannt das Männchen herausgeschossen und schwimmt nach unten. Klappt man das Netz um, dann hat man einen schönen, leuchtendroten Fisch für sein Mittelmeerbecken. Meist halten sich drei bis fünf Weibchen im Territorium eines Männchens auf. Die Weibchen zeigen am Kopf eine dunkelbraune bis schwarze, mit hellen Punkten durchsetzte Netzstrichzeichnung, sie sind aber genau so schön rot wie die Männer und leichter zu fangen als diese.

Zum Verwechseln ähnlich sind einige Arten Spitzkopfschleimfische, diese kommen im gleichen Biotop vor. Man kann sie an ihren Zickzack-Sprüngen, ihrem spitzeren Kopf unterscheiden und daran, daß sie niemals rückwärts oder vorwärts in ein Bohrmuschelloch einsteigen. Ebenfalls an den gleichen Plätzen fand ich *Lipophrys (Blennius) adriaticus* (die Männchen zeigen auch die gleiche gelbschwarze Maskenfärbung), *Parablennius rouxi*, *Parablennius gattorugine* und *Salaria (Blennius) pavo*. Die hier aufgezählten Schleimfische findet man im gesamten Mittelmeer, jedoch in unterschiedlicher Populationsdichte. Die beiden letztgenannten Arten wandern auch ins Brackwasser und in verschlammte Häfen, die anderen sah ich nie in Schmutzwasser.

Dardanus (Pagurus) arrosor, der Große Einsiedlerkrebs, in Gemeinschaft mit Anemonen.

Die Schleimfisch-Plätze an den Felsküsten sind, sofern sie im Schatten liegen, auch von einer schönen Garnelenart, *Lysmata seticaudata,* besiedelt. Die grazilen Lebewesen erfüllen hier, da es im Mittelmeer keine „Planstelle" für die tropischen Putzerlippfische gibt, die Aufgabe, kleine und größere Fische von Parasiten zu befreien. Viel Geduld muß man aufwenden, um sie aus ihren Spalten und Löchern herauszulocken, mit einigen Tricks gelingt es jedoch. Aufgeschlagene Seeigel, Bohr-

muscheln, Herz- oder Miesmuscheln und Schnecken bewegen diese Tiere dazu, vorsichtig und stets rückzugbereit ins Fangnetz zu klettern. Der clevere Meerwasseraquarianer hält dann ein zweites Netz vor die Verstecke, bei der geringsten Bewegung flüchten die Tiere dann, wenn man Glück hat, rückwärts direkt ins Fangnetz. Den scharfen Kanten des Gesteins der Höhlen und Überhänge fällt so manches Tüllnetz zum Opfer. Ebenso muß man mit zerstoßenen Knien, Ellbogen, Händen usw. rechnen. Einen anschließend im Trockenen betrachteten, bepflasterten, seeigelstachelentfernenden, mit Stecknadel, Jod und Pinzette operierenden und dabei stark schwitzenden Urlauber kann man sofort in die Reihe der vorgenannten Erkrankten einordnen.
½ bis 1 m² große Vertiefungen in den Felsen über der Wasseroberfläche werden bei Flut mit Wasser gefüllt und ergeben einen guten Sammelplatz für die transparenten und dennoch schön blaugold gefärbten Stein- oder Felsengarnelen *Palaemon elegans*. Kleine Einsiedlerkrebse, Glasrosen, Wachsrosen, Purpurrosen, Edelsteinrosen und Grundeln kann man mit einigem Geschick sammeln und fangen. Fische und Seeigel, Anemonen und Garnelen sollte man auf jeden Fall schon an Ort und Stelle getrennt halten, bei Nichtbeachtung dieses Hinweises wird so manches mühsam gefangene Tier von Seeohren oder Seeigeln vergiftet, von Anemonen und Aiptasien vernesselt.
Im gleichen Biotop, nur an den der Sonne zugewandten Seiten, findet man in manchen Trompetenglasrosen *Aiptasia mutabilis* kleine, kommensalisch lebende Garnelen, *Periclimenes amethysteus* (siehe auch Kapitel Glasrosen; Kommensalismus = Tischgenossenschaft). Sehr schön zu beobachten sind diese Tiere zu Hause im

Meerwasseraquarium, wenn man sie mit ihren Gastgeberanemonen zusammen pflegt.

An manchen Stellen fallen die Felsen dann recht steil ab, bis zu einer Tiefe von 25 m. An diesen Steilwänden halten sich große Eisseesterne und schöne Purpursterne auf. Ausbuchtungen und Höhlen zeigen eine farbenprächtige und formenreiche Fauna und Flora. Rote Seescheiden, goldgelbe Krustenanemonen, Nelkenkorallen, orangefarbene Seefächer und Schwämme in vielen Farben scheuen das Licht und haben sich hier angesiedelt. In größeren Tiefen stehen ab und zu wunderschöne Zylinderrosen in vielen Farben, diese Art jedoch mit kräftigen Chitinröhren. Man kann sie nur mit Tauchgerät, Geduld, viel Mühe und Zeit hervorholen. Einige Exemplare sitzen verklemmt in mit Sand aufgefüllten Felsspalten und sind daher schon gar nicht zu erbeuten. So manche dieser Anemonen sah ich Jahr für Jahr am gleichen Platz, und ich freute mich darüber, daß es so schöne Tiere im Mittelmeer gibt. Gut getarnte Seespinnen waren oft nur zufällig zu entdecken und meistens dann, wenn man sich auf etwas anderes konzentriert hatte. Ein kleines Exemplar nahm ich mir auch mit nach Hause, am dritten Tag hatte sich dieses Unikum mit *Caulerpa* bepflanzt, und nur ein geübtes Auge konnte die Seespinne zwischen den Blattalgen entdecken – die Tarnung war rasch perfekt.

Sehr gerne schnorchelte ich in den kleinen, idyllischen Fischerhäfen. Hier fand man durch über Bord geworfenen Beifang manche Raritäten, die normalerweise erst in größerer Tiefe vorzufinden wären. Goldrosen, eine kleinere Art Zylinderrosen, Einsiedlerkrebse (manchmal auch einen Großen, mit Schmarotzerrosen besetzten Einsiedler, *Dardanus arrosor*). Seenadeln, Seepferdchen – dies alles konnte man an solchen Orten finden. Röhrenwürmer *(Spirographis spallanzani, Sabella pavonia)*, Seeigel, Seegurken, Steinaustern, so allerhand hielt sich in und an den Hafenmauern auf. Kein Tag verging, ohne daß ich irgend etwas Neues sah. Bei sorgsamer Pflege, Fütterung und täglichem Wasserwechsel überstehen unsere Pfleglinge 3 bis 4 Wochen ohne Schaden in den Styroporkisten. Im Laufe der Jahre lernt man das Verhalten und die Eigenarten der Tiere kennen, und man weiß, was man zusammen halten kann oder nicht.

Selbstverständlich kommt auch hier der letzte Urlaubstag, und an diesem heißt es, früh aufzustehen und seine gefangenen und gesammelten Tiere fachkundig und sicher zu verpacken. Ideal ist es, wenn man die Fische 1 bis 2 Tage vorher nicht mehr füttert. Kann man sich entschließen, bescheiden zu sein und jedes Individuum einzeln in zwei ineinandergesteckte Plastiktüten einzupacken, dann hat man während der Fahrt nach Hause keine Verluste. In eine Dreiliter-Plastiktüte kommen 1 l Meerwasser und darüber eine Glocke reinen Sauerstoffs aus der mitgebrachten Sauerstoffflasche. Hat man Platz genug, dann kann man seine mitgebrachten Plastikbehälter mit Meerwasser füllen; zu Hause angekommen, kann man damit sehr gut seine Meeresbecken impfen.

Auf der Fahrt zur Fähre hielt ich nach einer Stunde Fahrt noch einmal an, um ein letztes Mal zu baden und mich zu erfrischen. Wir stellten unser Auto ab und begaben uns zu Fuß in eine kleine Bucht. Unten angekommen, sah ich dann auf einem Felsen zwei Eimer stehen. Hundert Meter weiter leuchtete es aus dem Wasser rot, und ab und zu kam ein Wasserstrahl aus einem Schnorchel. Sofort war mir klar, daß es sich nur um einen ebenfalls „Befallenen" handeln konnte. Natürlich wollte ich wissen, was in den Eimern war und begab mich dorthin. Was war drin? Meerwasser natürlich und einige kleine Lippfische, einige Schleimfische, und drum herum lagen einige mir bekannte Gerätschaften. Wie die Sache weiterging? Ganz sicher so, wie am Anfang des Abschnitts beschrieben.

Da wir unsere Fähre kommen sahen, machten wir uns fertig und begaben uns zu der Ablegestelle. Noch nach fünf Minuten Fahrzeit sah ich nicht weit von der Ablegestelle der Fähre, wie zum Abschied grüßend, zwei Eimer stehen und in der Nähe einen vermutlich an Aquariomariniumgitis „Erkrankten". Ein letzter Trost für diesen schönen Urlaub, diese merkwürdige Erkrankung hat nicht nur mich befallen. Sollte durch diese Schilderung eine Ansteckung bei einem Leser erfolgen, so darf man mir getrost unterstellen, daß ich dies beabsichtigt habe, und ich wünsche jedem dabei FF – viel Vergnügen. Abschließend wäre noch zu bemerken, daß eine Konsultation eines Arztes zwecklos ist, es gibt keine Spezialisten, und wer will auch riskieren, daß eine so angenehme, seltene Erkrankung einen anderen Namen bekommt. Vielleicht liest man einmal in einer medizinischen Zeitschrift darüber.

„Kracki Oktopussi" – mein kleines verspieltes Ungeheuer

Eine erste Bekanntschaft mit dem Gemeinen Kraken *Octopus vulgaris* machte ich während eines Urlaubs auf der italienischen Mittelmeerinsel Elba. Von meinem Campingplatz aus sah ich nach Einbruch der Dunkelheit

Fischerboote auf dem Meer, deren Insassen mit Lampen ins Wasser leuchteten. Meine Nachbarn, Italiener, daraufhin angesprochen, teilten mir heftig gestikulierend mit, daß zur Zeit „Pulpo" gefangen würden. Auf diese Weise inspiriert, zogen wir in den benachbarten Fischerort und genossen an diesem Abend „Pulpo" in verschiedenen Varianten, gebacken, gekocht und als Salat zubereitet.

Neugierig geworden, schnorchelte ich am nächsten Tag an der Stelle, an der ich am Abend die Boote sah. Als Lebensraum war dieser Platz nicht besonders schön anzusehen, aber es gab doch so allerlei Leben. In einer Tiefe zwischen 0,5 und zehn Metern lagen faust- bis kopfgroße Steine auf dem Boden herum – eine richtige Geröllhalde. Die Steine waren mit Wachs- und Glasrosen dicht besetzt. Verschiedene Arten Blenniiden bevölkerten die Gegend, und manche Männchen schauten aus Bohrmuschellöchern wie kleine Kobolde heraus.

Beim Schnorcheln habe ich immer ein Handnetz und Plastiktüten mit, um irgend etwas zu fangen und für meine Aquarien mit nach Hause zu nehmen. Gerade verfolgte ich einen Pfauenschleimfisch, und da er unter einem Stein verschwand, hob ich den Stein hoch. In diesem Augenblick sah ich zum ersten Mal einen lebenden Kraken. Vom Licht aufgeschreckt, schwamm er davon, dabei heftig Tinte verspritzend. Kraken sind zwar schnelle Schwimmer auf kurzen Strecken, sie bewegen sich aber meist krabbelnd auf dem Boden oder an steilen Wänden. Die Strecke, die der Kopffüßler schwimmend zurücklegte, betrug etwa fünf Meter, und verteilt auf diese Strecke, hingen nun drei schwarze Tintenwolken im Wasser. Als sich der Krake niederließ, nahm er sofort die Farbe der Umgebung an. Ein Natur-

schauspiel ist das und interessant zu beobachten. Es ändert sich nicht nur die Farbe, sondern auch die Form. Der ganze Körper bekam plötzlich Warzen, und über den intelligent wirkenden Augen wuchsen zwei gelappte Hörnchen. Was vorher hell war, zeigte jetzt ein unregelmäßiges Fleckenmuster, das der Färbung des Untergrundes entsprach. Nun versuchte der knapp fünfzig Zentimeter lange Krake, sich in ein Loch zu zwängen, dessen Durchmesser bei etwa fünf Zentimetern lag. Dies erschien mir unmöglich, aber der Krake wurde ganz dünn, und schon war er im Loch verschwunden. Die acht Arme mit jeweils zwei Reihen von Saugnäpfen wurden aber schützend nach außen gelegt. An dieser Stelle möchte ich erwähnen, daß es im Mittelmeer auch noch den Moschuskraken oder -polypen gibt, dessen acht Arme nur mit einer Reihe Saugnäpfe ausgestattet sind *(Ozaena/Eledone moschata)*. Auch er ist sehr „elastisch", kann also durch kleinste Löcher schlüpfen.
Mit dem Finger kraulte ich nun das Tier, bis einer der Arme immer länger wurde und er eine Umschlingung meiner Hand riskierte. Irgendwie hatte ich den Eindruck, als fühle das Tier an meiner Hand, ob ihm davon Gefahr droht oder nicht. Noch zwei Arme streckte er mir entgegen, und dann kam der ganze Krake wieder aus dem Loch. Jetzt schien mir, er wolle mit mir spielen; denn immer wieder wurde meine Hand von drei oder vier Armen abgetastet. Dabei glaubte ich zu sehen, wie seine mit Sehschlitzen ausgestatteten Augen mich forschend fixierten. Nach zwei oder drei Minuten ließ er von mir ab und setzte sich elegant neben die Höhle. Fein säuberlich rollte er nun seine Arme um sich herum auf, was ganz possierlich aussah. In Wellen wechselte er wieder seine Farbe, wurde hell und bekam rundherum

einen etwa zwei Millimeter breiten, dunklen Saum. Die Haut außen herum lag plan auf der Unterlage und hatte genau deren Farbe. Wieder streckte ich die Hand aus, um mit dem Tier zu spielen, aber anscheinend traute er mir nicht mehr und verschwand in seinem Loch. Es kamen noch einmal zwei Arme wie Würmer hervorgekrochen, schnappten sich zwei, drei Steine und legten sie, sich zurückziehend, auf das Loch. Der Krake war unsichtbar. Ich wollte ihn nicht weiter beunruhigen und ließ ihn in Frieden. Jeden Tag während meines Urlaubs schnorchelte ich nun an diesem Platz, und ab und zu sah ich einen Kraken. Vielleicht denselben?
Ein Jahr später verbrachte ich meinen Urlaub in Nordspanien an der Costa Brava. Diese Küstenlandschaft wird geprägt von kleinen Sandbuchten, oft umgeben von steilen Felsküsten. Da für einen Meeresaquarianer eine Felsküste immer interessant ist, schnorchelte ich dort täglich. Schöne Unterwasserlandschaften, mit Felsspalten und großen Steinblöcken, findet man um La Escala, Estartit und nördlich von Palamos. Bei einem dieser Schnorchelgänge entdeckte ich im Wasser eine durchlöcherte Felsplatte, dicht mit Seeigeln besetzt, und in einem Loch sah ich einen zeigefingergroßen Kraken. Alle Versuche, ihn aus seinem Loch herauszulocken, schlugen fehl. Ich merkte mir aber die Stelle und besuchte den Burschen nun fast täglich. Gegen Ende des Urlaubs bekam er täglich eine Garnele, ein Stückchen Fisch oder ähnliches. Ich brachte ihn schließlich soweit, daß er aus seiner Höhle kam. Solange der Platz für diese Tiere ausreichend Nahrung bietet, sind sie meiner Erfahrung nach standorttreu.
Am Vorabend unserer Heimfahrt lockte ich den kleinen Kraken mit einem Stückchen Fisch aus seinem Loch,

„Kracki" kam zur Begrüßung immer an die Scheibe des Mittelmeeraquariums.

legte ein Netz vor den Eingang, und als der erschreckte Krake rückwärts ins Loch flüchten wollte, landete er direkt im Netz und war gefangen. An Land kam er in einen dicht schließenden 10-Liter-Eimer, dessen Deckel zwei fünf Millimeter durchmessende Löcher zur Be- und Entlüftung hatte. An diesem Abend ärgerte ich ihn öfter, damit er den Tintensack entleerte. Meistens kam nach der dritten Entleerung kein Farbstoff mehr, und ich wechselte das Wasser im Eimer. Am nächsten Mor-

gen provozierte ich noch drei Entleerungen, und dann kam der Krake in eine doppelte, transparente Plastiktüte, die 1,5 l Meerwasser enthielt. 1,5 l reinen Sauerstoff füllte ich darüber und verschloß den Beutel.
Es ist wichtig, daß die Tinte vorher ausgestoßen wird; denn sie enthält Giftstoffe, die auch dem Kraken selbst schaden, wenn er die Tinte auf engem Raum in die geringe Wassermenge ausstößt. Das Tier kann ja nicht ausweichen. In der Plastiktüte wußte der Krake nun nicht, welche Farbe er annehmen sollte. Dem Anschein nach war „transparent" nicht im Programm. Er entschloß sich schließlich für ein helles Beige und pumpte beleidigt Wasser durch seinen Schnorchel. Die Heimfahrt von Spanien dauerte wegen Verkehrsstaus auf den Straßen über 30 Stunden. Die Hoffnung schwand, das lebende Souvenir heil nach Hause zu bringen. Die meiste Zeit über hielt meine Frau die Tüte mit dem Kraken im Arm, und wir hatten so die Möglichkeit, seinen Zustand zu beobachten. Aber der Krake hielt durch.
Zu Hause öffnete ich die Plastiktüte und füllte aus meinem vorbereiteten, gut eingefahrenen Aquarium langsam Wasser zu. Es ist sehr wichtig, daß Tiere, die erst kurze Zeit aus dem Meer kommen, l a n g s a m an synthetisches Meerwasser gewöhnt werden. Salzgehalt und Temperatur sollen möglichst genau übereinstimmen. Nach drei Stunden kam der kleine Octopus ins Becken. Er sah geschwächt aus und saugte sich halb am Boden und halb an der Frontscheibe fest. Da ich wußte, wie geschmeidig die Tiere sind, wurde das Aquarium fest abgedeckt und die Deckscheibe beschwert. Zwei Tage lang saß der Octopus nun an diesem Platz und zeigte wenige Reaktionen. Am dritten Tag nach der Ankunft war er verschwunden, und ich entdeckte eine

Höhle unter einem Stein. Am vierten Tag brachte ich mit einer Holzzange ein Stückchen Fischfleisch vor die Höhle, und siehe da – mit windenden Bewegungen kam ein Arm heraus und nahm das Futter an. Täglich fütterte ich nun mit der Zange abwechselnd ein Stückchen Miesmuschel, eine gefrostete Garnele oder ein Stück Fischfleisch.
Nach 14 Tagen kam der Krake zum Fressen aus der Höhle hervor, nach sechs Wochen erwartete er mich schon an der Frontscheibe. Im Laufe der Zeit wurde dieses Tier so zutraulich, daß es, wenn ich die Deckscheibe abnahm, schon mit drei Armen Klimmzüge machte und den Körper halb aus dem Wasser hob. Begeistert spritzte er dann eine Wasserfontäne nach draußen, und wir machten uns einen Spaß daraus, manchem Besucher unseren Kraken von oben zu zeigen.
Lustig sah es aus, wenn er vor seiner Höhle saß. Meistens legte er dann einen geringelten Arm über die intelligent wirkenden Augen und tastete lässig das Aquarium bis in die letzte Ecke mit einem seiner restlichen Arme ab.
In diesem Aquarium befanden sich auch viele Glasrosen, aber dem Kraken machte das nichts aus. Wenn er mit einem Arm eine Aiptasie berührte, zog er zwar den Arm zurück, aber offenbar nesselte er sich nur leicht, da es immer wieder vorkam.
Im Laufe von eineinhalb Jahren wuchs unser „Kracki" bis zum Dreifachen seiner ursprünglichen Größe heran, und wenn er in der Mitte der Frontscheibe saß, konnte er links und rechts jeden Winkel des 80 Zentimeter langen Aquariums abtasten. Saß er in seiner Höhle und betrat jemand das Zimmer, kam er immer an die Scheibe gekrochen und wartete darauf, daß man sich

mit ihm beschäftigte. Ich steckte dann zwei Finger von oben durch eine Öffnung der Deckscheibe, und er langte danach und versuchte, die ganze Hand ins Wasser zu ziehen. So ein Tier entfaltet erstaunliche Kräfte. Zwei Jahre hatten wir diesen ulkigen Gast und in dieser Zeit viel Freude an dem Individualisten. Gegen Ende seiner Zeit bemerkte ich, daß er nicht mehr so interessiert am Fressen war, und täglich wurde er apathischer. Eines Morgens lag er dann tot vor seiner Höhle, und groß war unsere Trauer. Es kann eben kein noch so gut funktionierendes Meerwasseraquarium das Meer ersetzen, es hilft uns nur, die Bewohner der Meere etwas besser kennenzulernen und Einblick zu nehmen in ihren Biotop, zum besseren Verständnis.

Zu erwähnen ist noch, daß mit Importen aus dem Indopazifik hin und wieder sehr schöne und kleinbleibende Octopusarten zu uns gelangen. Will man so ein niedliches Tier pflegen, sollte man ihm ein Aquarium für sich alleine einrichten. Bei einigen tropischen Arten ist beim Hantieren im Aquarium äußerste Vorsicht geboten. Mit ihrem papageienähnlichen Schnabel können sie kräftig zubeißen, und manche Arten sind sogar tödlich giftig. Dennoch sind die Horrorgeschichten über Kraken völlig unberechtigt.

Blumentiere – Tierblumen
Die Wunderwelt der Wirbellosen im Wohnzimmerriff

Die Endosymbiose

Alles Leben entstammt dem Meer. Nur hier, so sagen die Wissenschaftler, waren Voraussetzungen dafür

Viele Blumentiere, auch diese schönen Anemonen, leben in Endosymbiose mit Zooxanthellen.

geschaffen, daß sich Leben entwickelte – in der Ursuppe unseres „Blauen Planeten". Als vor etwa 400 Millionen Jahren die Pflanzen damit begannen, das Land zu erobern, und somit die ersten „Sonnenkraftwerke" auf dem Festland ihren Betrieb aufnahmen, da gab es schon seit vielen Jahrmillionen Lebensgemeinschaften im großen weiten Meer.

Mit dem Wort Symbiose bezeichnen wir eine Lebensgemeinschaft von Lebewesen unterschiedlicher Art zum gegenseitigen Nutzen. Der altgriechische Geschichtsschreiber von Halikarnassos, dem heutigen Bodrum in der Türkei, mit Namen HERODOT, der „Vater der Geschichte", berichtete bereits von dem Krokodilwächter. Das ist ein kleiner Vogel, der im Maul des großen Krokodils seine Nahrung sucht. Der Vogel kann sich auf diese Weise ernähren, was für ihn nützlich ist; der räuberische große Beuteschnapper dagegen wird von seinen lästigen Parasiten befreit, was ebenfalls nützlich ist. An Land kennen wir noch viele andere Symbiosen, zum Beispiel die Gemeinschaft der Kuhreiher mit Wasserbüffeln und Elefanten oder der Blütenpflanzen mit den bestäubenden Insekten.

Die intensivste und vielleicht auch die älteste Form aller Symbiosen ist die Endosymbiose, bei der einer der Partner im Inneren des anderen lebt. Sie ermöglicht es uns Meeresaquarianern heute, viele Wirbellose aus den lichtdurchfluteten Flachwassern tropischer Korallenriffe im Aquarium zu pflegen. Manche von ihnen vermehren sich sogar ohne unser Zutun. Voraussetzung für die erfolgreiche Pflege sind stets klares, sauberes, schadstoffarmes und gereiftes Meerwasser, mit einem hohen Redoxpotential (ca. 300 bis 350 mV), Temperaturen zwischen 24 und 28 Grad Celsius, intensive Beleuch-

Herrliche Unterwasserlandschaften und traumhafte Inseln fertigen die „Paradiesbaumeister".

tung, möglichst nahe dem Tageslichtspektrum, und eine vielschichtige Wasserzirkulation. Dabei dürfen Blumentiere nicht ständig direkt „angeblasen" werden, sofern sie sessil sind, bei Unbehagen also kaum auf einen mehr zusagenden Platz ausweichen können.

Endosymbiosen finden wir vor allem bei den hermatypischen (riffbildenden) Steinkorallen, meinen „Baumeistern der Paradiese", den Produzenten herrlichster Unterwasserlandschaften. Die einzelligen, gelbgrünen bis braunen symbiontischen Algen, die in den Korallenpolypen leben (endo = innen), die Zooxanthellen, sind maßgeblich an der Kalksynthese beteiligt. Ohne die Zooxanthellen und ihre Mitarbeit könnte kein Korallenriff entstehen. Die Riffe sind die größten von Lebewesen errichteten Bauwerke und Naturwunder auf unserem „Blauen Wasserplaneten".

Die tagsüber nährstoffarmen, aber lichtdurchfluteten Riffgewässer enthalten Unmengen an verwertbarem Kalk in gelöster Form in ständigem Umlauf. Hier leben die sessilen Wirbellosen, die wir in unseren Meerwasseraquarien pflegen. Der Stoffwechsel der Zooxanthellen in ihrem Inneren ermöglicht es uns, nicht nur die Tiere zu pflegen, sondern oft auch, sie zu vermehren. Anders ist die Sache dagegen bei den Wirbellosen aus tiefen Gewässern oder Höhlen. In ihnen können keine Zooxanthellen existieren, und schon wird die Pflege problematisch, denn sie ernähren sich von Plankton. Die Endosymbiose ist also für den Aquarianer eine sehr feine Sache.

Fast alle sessilen Tiere, die für die Aquaristik importiert werden, leben in Symbiose mit Zooxanthellen. Oft ist der „Magen" der Blumentiere nur Ausscheidungsorgan für abgestorbene Symbionten. Die Farben der Tierstöcke sind in den meisten Fällen Gelb, Grün, Beige, Braun und Cremigweiß.

Bisher habe ich nur von dem Nutzen des einen Partners, nämlich des Wirtes, gesprochen. Aber auch die anderen Partner, die symbiontischen Algen haben Vorteile: Sie können sich räumlich begrenzt und wohlbehütet (ohne Gefahr durch Freßfeinde) vermehren. Bei dieser engsten Form aller möglichen Symbiosen lebt der eine im anderen. Die Partner ernähren sich gegenseitig, und keiner kann ohne den anderen über einen längeren Zeitraum existieren. Alle anfallenden Stoffwechselprodukte werden von einem der beiden Partner nahezu restlos verwertet. Ein beispielhafter und fast verlustloser Recyclingprozeß wird hier seit Jahrmillionen demonstriert. Warum sind wir nur zu träge, diese guten Hinweise für unser aller Wohl zu nutzen?

Im Riffaquarium, das mit Wirbellosen besetzt ist, werden wir häufig mit der Endosymbiose konfrontiert. Für den Unkundigen ist sie zwar auf Anhieb nicht erkennbar, aber ihm wird rasch klar werden, daß ein solches Aquarium so beleuchtet werden muß, wie es diese Tiere wegen der innewohnenden pflanzlichen Partner brauchen. Steinkorallen, viele Anemonen, Leder- und Weichkorallen und zahlreiche weitere Wirbellose aus dem oberen Riffbereich leben nur so lange, wie auch ihr Partner in ihnen leben kann. Gehen die Algen ein, muß auch der Wirt eingehen. Fühlen sich dagegen beide wohl, kommt es manchmal zur Vermehrung, und danach sollten alle Meerwasseraquarianer streben.

Steinkorallen – Baumeister der Paradiese

Heute wissen wir, daß es einige tausend „Inseln – aus Träumen geboren" im Indopazifik nicht geben würde,

Diese junge Grundel lebt auf einer Seepeitsche.

gäbe es keine Korallen. Seit Jahrmillionen vollziehen kleine Polypen – Wirbellose, an sich „Niedere Tiere" eine Kalksynthese und fertigen die größten von Lebewesen errichteten Bauwerke auf unserer Erde. Es sind die Polypen der hermatypischen Steinkorallen, die mit Hilfe des Sonnenlichts, mit Unmengen von im Meerwasser gelöstem Kalk, dem Baumaterial, das sich im ständigen Umlauf befindet, und mit der Photosynthese ihrer in ihnen enthaltenen einzelligen symbiontischen Algen (Zooxanthellen) solche Wunderwerke vollbringen, Paradiese über und unter Wasser.

Von einem bereits vorhandenen Untergrund, abgesunkenen Bergrücken zum Beispiel, wachsen Steinkorallen ständig der Oberfläche entgegen, streben dem Licht zu,

Pilzpolypen, Scheibenanemonen oder „Elefantenohren" werden gerne von „Untermietern" bewohnt.

vorausgesetzt, das Meerwasser wird nicht kälter als 20 Grad Celsius. Sind es an den Außenriffen zumeist block-, knollen- und säulenförmige Korallen, so bilden sich zwischen und hinter diesen Barrieren feinstrukturierte, meist verästelte und verzweigte Arten.

Wind und Wellen sorgen bei Stürmen dafür, daß von den filigranen Gebilden Stücke abbrechen und zermahlen werden. Manche Meeresbewohner, beispielsweise Papageifische, knacken Korallenäste ab, zerbeißen sie, fressen die in den Zweigen lebenden Polypen und scheiden den unverdaulichen Kalk wieder aus. Ständig sieht man aus einer Gruppe von Papageifischen Wolken von kalkigem Korallenstaub oder auch Sand nach unten rieseln. Man sagt diesen Tieren nach, daß u. a. durch sie die zauberhaftesten Sandstrände entstehen.

Mit der Zeit hebt sich das Sediment. Tag für Tag, Woche für Woche, Monat für Monat ist hier ein ständiges Werden und Vergehen. Schon seit Millionen von Jahren vollzieht sich dieser Prozeß in den Korallenriffen. Die große Artenzahl der riffbauenden Steinkorallen trägt mit ihrem Formenreichtum und ihrer Wachstumsfähigkeit dazu bei, eine nur hier mögliche Artenfülle anderer Tiere entstehen zu lassen. Für Korallenfische bieten sie einen fast unerschöpflichen Lebensraum. Nächtliches Planktonangebot, Glied in der Nahrungskette nicht nur der Meeresbewohner, sorgt für die Ernährung der meisten hier existierenden Lebewesen.

Schon DARWIN entwickelte auf seinen Reisen die Theorie der Atollentstehung und behielt damit, zumindest teilweise, recht. Vor allem war es die klassische Atollform, die ihm zu seiner Theorie verhalf. Die maledivenspezifische Form der Kleinatolle, Faros genannt, wurde von ihm nicht erwähnt. Es sind vor allem die nördlichen

Maledivenatolle, die unzählige fast kreisrunde Riffringe aufweisen und die es in dieser Art in den tropischen Meeren auf unserer Erde sonst nicht gibt. Das Wort „Atoll" stammt aus der Sprache der Malediver, einem Volk, das nur etwa 200 000 Menschen zählt, und hat seinen Weg um die ganze Erde gefunden.
Es ist schon so, daß man Steinkorallen mit bestem Gewissen als die Baumeister der Paradiese bezeichnen kann. Die Riffe der entstandenen Trauminseln – und diese selbst – sind die Orte, wo Wirbellose Wunderwerke bauen, wo sie diese gebaut haben und hoffentlich in aller Zukunft noch bauen werden. Hält man sich als Tourist an die Vorschriften der Tauchbasisleiter, sammelt keine lebenden Schnecken, bricht beim Tauchen keine Korallenstöcke ab, kurz gesagt, verhält man sich umweltbewußt, indem man sich wie ein Gast benimmt – Gast in Poseidons Zaubergärten –, so wird uns diese Wunderwelt in ihrer paradiesischen Schönheit (vorläufig noch) erhalten bleiben.
Schon etliche Jahre ist es her, daß das ehemalige Tropicarium Buchschlag die ersten lebenden Steinkorallen für die Meerwasseraquaristik importierte. Damals konnte man sie gerade so recht und schlecht halten. Die fortschreitende Entwicklung bei der Zusammenstellung und Fertigung der heute recht guten Meersalze und die Möglichkeit, den benötigten Kalk entsprechend dosiert dem synthetischen Meerwasser zuzugeben, sowie die Erkenntnis der Endosymbiose ermöglichen uns heute, Steinkorallen über einen recht langen Zeitraum im Meerwasseraquarium zu pflegen. Solange wir in der Lage sind, die Paradiesbaumeister zusätzlich noch mit Ersatzplankton zu ernähren, solange sie entsprechendes Licht zur Verfügung haben und solange verwertbares

Calciumkarbonat im Wasser ist, können wir sie (wenn sie von anderen Tieren nicht gefressen oder nur übermäßig belästigt werden) im Meerwasseraquarium zu Hause halten.

Es sind in der Hauptsache großpolypige Arten, wie beispielsweise Pilzkorallen *Fungia,* Blümchen- und Sternchenkorallen *Goniopora, Monastrea* und Blasenkorallen *Plerogyra,* die man nach gewisser Zeit mit Ersatzplankton recht gut ernähren kann und die sich großer Beliebtheit erfreuen. Um einen „Kampf der Korallen" (Überlebenskampf im Riff) gegeneinander im Aquarium zu vermeiden, sollte man zwischen den einzelnen Arten ausreichenden Freiraum lassen, das heißt, bei voll entfalteten Polypen muß immer noch 15 bis 20 Zentimeter Platz zwischen den verschiedenen Arten liegen. Keine direkte Strömung, aber gute Zirkulation, sauberes und klares Wasser möchten die meisten Steinkorallen gern.

Man sollte sich darüber im klaren sein, daß für Steinkorallen der Lebensraum Aquarium wirklich nur ein Ersatz ist. Die unermeßlichen Wassermengen der Ozeane, die Regenerationsfähigkeit des Meerwassers in den Riffen, das natürliche Planktonangebot, die Lichtfülle und die Wärme des Wassers in den tropischen Ozeanen sind für die Paradiesbaumeister unersetzbar.

Seit dem ersten Januar 1987 besteht nach dem neuen Bundesartenschutzgesetz ein Import- und Handelsverbot für einige Steinkorallenarten. Inwieweit einige dieser Tierblumenstöcke wieder von den Bestimmungen ausgenommen wurden, ließ sich zum Zeitpunkt der Manuskriptniederschrift nicht sagen. Ich möchte an dieser Stelle jeden Leser bitten, die geltenden Regelungen einzusehen und zu befolgen.

Wenn für einige Arten das Verbot bestehen bleibt, so dient dies dem Schutz und Erhalt und ist ganz sicher gerechtfertigt. Wir Aquarianer brauchen uns meiner Meinung nach keine Vorwürfe zu machen, daß wir durch unsere Liebhaberei den Bestand in den Korallenriffen und diese selbst schädigen. Durch Atombombenversuche, Öl und Dünnsäure-Verklappungen beispielsweise werden jedoch oft irreparable Schäden angerichtet! Ist das Ökosystem Korallenriff vernichtet, wandern die beweglichen Bewohner ab, und sessile Sekundärbesiedeler haben keinen Untergrund zum Festsetzen und Wachsen mehr.

Hornkorallen – Gorgonaria

Fächerförmig, feinverzweigt, farbenfroh und filigran sind lebende Hornkorallenstöcke. Sicher mögen Sie Buntfarben in Ihrem Meerwasseraquarium! Bevorzugen Sie Purpur, Rot, Violett oder Gelb oder Orange, vielleicht auch Beige, Braun oder Blau, oder aber zwei bis drei Farben kombiniert? Nun, dann liegen Sie richtig, wenn Sie sich bei entsprechendem Angebot im Zoofachhandel zum Kauf von ein oder zwei Tierstöcken der Hornkorallen entscheiden. Achten Sie darauf, daß deren „Fuß" auf einem Stück Substrat festgewachsen ist und das hornartige Skelett nirgends freiliegt. Gorgonien kommen am häufigsten in größeren Tiefen und da im Dunkeln vor. Dort stehen sie an den der Strömung ausgesetzten Stellen und ernähren sich von Plankton. Nach dem Prinzip der großen Oberfläche wachsen Venusfächer mit der Breitseite in die Strömung, um möglichst viel herandriftendes Plankton abzusieben. Tausende kleiner Polypen, achtarmig, wie es sich für eine echte Octocorallia gehört, ernähren den „Tierblumen"-Stock und saugen sich voll mit dem zumeist nachts, aber oft auch tagsüber herantreibenden faszinierenden Leben.

Im Mittelmeer gibt es an Steilwänden riesige Felder der sehr schönen und zweifarbigen *Paramuricea chamaeleon;* ihr „Astwerk" dient zur Verankerung der Eier von Katzenhaien, die mit Chitin umhüllt Plastikkapseln gleichen. Ihre nach neun Mondmonaten auskommenden Jungtiere vertrauen sie im Eistadium den Gorgonien an, hier fest verankert in der Strömung.

Die Gorgonien in den tropischen Riffregionen sind Sekundärbesiedeler auf totem Korallengestein. Sieht man Unterwasseraufnahmen von Tauchern, so sind es zumeist sehr stimmungsvolle Bilder, wenn diese vor, neben oder hinter einer Hornkoralle posieren. Aber auch viele Fische, Haarsterne, Nackt- und Gehäuseschnecken leben auf, nahe bei oder um Hornkorallen herum. So sah ich manchen Großdornhusar, sich hier Rückendeckung verschaffend, vor einer riesigen Gorgonie seinen Stammplatz beanspruchen. Ich sah gelbe Seepeitschen ins unendlich weit und tief wirkende blaue Wasser ragen, sah kleine Kaurischnecken darauf weiden und Haarsterne Halt suchen.

Aber ich sah noch etwas, mehrmals schon, konnte es zunächst jedoch nicht im Bild festhalten, bis es mir dann doch bei einem Tauchgang gelang: Eine etwa zwei Meter lange Seepeitsche ragte ins freie Wasser. Zu Anfang des letzten Drittels hüpfte eine kleine Grundel auf ihr herum und verließ nur für Augenblicke ihren schwankenden Sitz, „sprang" rund 15 Zentimeter weit ins Wasser und erhaschte dort etwas Freßbares. Sofort kehrte sie aber wieder zurück, „krallte" sich mit den Brustflossen auf der Dörnchenkoralle fest, fühlte sich nur hier sicher und geborgen. Es war ein Jungtier der Schläfergrundelgattung *Valenciennea* (vermutlich *V. puellaris*), das hier während seiner Kindheit den Kommensalen (Tischgenossen) spielte. Bekannt ist uns, daß Schläfergrundeln zumeist monogame Ehen auf Sandböden führen; daß sie aber als Jungfische auf Seepeitschen Überlebenstraining exerzieren, war für mich völlig neu.

Von meinen Mittelmeerexkursionen brachte ich hin und wieder Hornkorallen für meine Becken mit; später importierte ich auch verschiedene Arten aus tropischen Gebieten. Man darf Hornkorallen nicht drücken, und man sollte darauf achten, daß sie vollkommen frei stehen, am besten in der Strömung vom Wasserauslauf der Kreiselpumpen. Mit unseren sonst so lichthungrigen anderen Wirbellosen haben Hornkorallen nichts gemein. Sie lieben das Dunkel, und nicht geeignet sind Becken, in denen der sonst manchmal gern gesehene Fadenalgenwuchs funktioniert. Die Einzelpolypen müssen sich voll entfalten können; nur dann sind sie mit Ersatzplankton ernährbar. Das Zugeben lebenden Planktons ins Becken ist illusorisch, denn 90 Prozent davon verschwinden im Filter, sterben durch Milieuveränderung und belasten (natürlich ebenso wie Ersatzplankton) dann stark das Wasser. Meine Gorgonien ernährte ich mit einer Mixtur aus Muschelmilch, gemahlenen Trockenfuttertabletten, Biohefeflocken, Eipulver und zu Staub zerriebenen Eierschalen. Das alles kam in einen schnellen laufenden Mixer und wurde portionsweise im Gefrierschrank eingefroren. Pro Woche gab es dann zweimal je einen aufgetauten Würfel, und siehe da, meine Hornkorallenpolypen öffneten sich und nahmen auch dieses Futter auf. Eineinhalb Jahre konnte ich sie im Aquarium halten, dann fehlte ihnen ernährungsbedingt irgend etwas, was ich ihnen nicht bieten konnte. Aber es ist einen neuen Versuch wert.

Daß keine „Polypenfresser" in einem Wirbellosenbecken sein dürfen, versteht sich von selbst. Sind die Polypen abgestorben und hat sich die Rinde auf den hornigen Überresten zersetzt, wirken die „Überbleibsel" noch immer dekorativ als Einrichtungsgegenstand eines Aquariums. Sehr gerne ringeln Seepferdchen ihr Schwänzchen um einen Gorgonienast und halten sich daran fest – um nur ein Beispiel zu nennen. So dient das tote Substrat noch dem harmonischen Gesamtbild.

Auch noch zu erwähnen ist, daß sich Frauen gern mit Schmuck dekorieren, der aus der hornigen Substanz von Gorgonien und ihren Verwandten kunstvoll gefertigt ist. Wie wäre es denn, wenn Sie Ihrer Frau für ihre Duldsamkeit zum Geburtstag, vielleicht auch zum Hochzeitstag, eine Kette aus roten, rosafarbenen oder schwarzen Korallen, als Astform oder in Perlen gedreht, schenken würden? Sicher wird sie es Ihnen nicht nur der Aufmerksamkeit und der Liebe wegen danken, sondern sie wird auch wieder einmal die Augen zudrücken, wenn der Boden des Wohnzimmers naß wird, sich der Teppichboden gierig mit Meerwasser vollsaugt, die Sicherung herausfliegt oder aber sie von Ihnen mit folgenden Worten vor fast vollendete Tatsachen gestellt wird: „Schatz, wie wäre es denn, wenn du dich mal wieder etwas von mir erholst und ich für 14 Tage in die heiße, staubige Wüste ans Rote Meer zum Tauchen fahre? Du weißt ja, die Kakerlaken in den Matratzen, das Geschaukel auf dem Boot, das mangelnde Süßwasser usw. sind doch sowieso nichts für dich – oder?"

Scheibenanemonen – Actiniaria

Die einzeln und scheibchenweise, gesellig und flächendeckend vorkommenden Scheibenaktinien sind den Meerwasseraquarianern bekannt unter dem Populärnamen Elefantenohren. Die im Durchmesser meist mehr als einen Zentimeter großen Polypen gehören zur Ordnung der Anthozoa (Blumentiere) und in die Unterklasse der sechsstrahligen Korallentiere (Hexacorallia). Wie uns das griechische Wort „Hexa" schon sagt, haben wir es hier mit der Zahl sechs zu tun. Im Gegensatz zu den Octocorallia, deren Polypen immer acht mehr oder weniger gefiederte Tentakel aufweisen, besitzen die Hexacorallia „nur" ein Vielfaches von sechs Tentakeln. Als Aquarianer steht man beispielsweise vor seinem Becken mit verschiedenen Elefantenohren, solitären oder koloniebildenden, und fängt an, bei einem Einzelpolyp die Tentakel zu zählen. Ich wünsche dabei viel Erfolg und auch viel Vergnügen, vor allem bei den Arten, die keine Tentakel haben und die – wie es so schön heißt – so glatt wie ein Affe am Hinterteil sind. Die Biologen haben dafür sicher eine Erklärung; doch was bedeutet es für uns, wenn wir tentakellose Scheibenanemonen im Aquarium pflegen wollen? Nun wir haben es mit einer Symbiose zu tun, und zwar mit der zuvor beschriebenen bekannten engsten Form aller möglichen Partnerschaften, der Endosymbiose. Die vielzitierten Zooxanthellen ernähren diese Polypen durch anfallende Stoffwechselprodukte bei ihrer Chlorophyllsynthese.

Die Magenöffnung dieser „glatten" Scheibenanemonen dient mehr der Ausscheidung verdauter Nahrung und abgestorbener Symbionten als der Nahrungsaufnahme.

Sie sind also lichtaktiv, und hier sind es wieder vor allem die auch in der Natur im Flachwasser vorkommenden grünlichen, gelblichen oder bräunlichen Arten.

Pflegen wir große Scheibenanemonen, zum Beispiel solitäre *Rhodactis,* so können wir sie auch mit etwas kräftigeren „Brocken" (Muschelstückchen, Trockenfuttertabletten, Fischfleisch, Frostfutter) gezielt mit der Futterpinzette füttern. Oftmals nehmen sie auch herantreibendes Trockenfutter, sich zu einer Hohlkugel verformend. Ein paar Schlitzohren in meinem Aquarium haben sich das zunutze gemacht, und sie stehlen der Anemone reserviertes Futter, so ein kleiner Kuhkofferfisch *Lactoria cornuta* und ein kleiner Rotfeuerfisch *Pterois volitans.*

Hin und wieder wurde schon berichtet, daß *Rhodactis* lebende Fische in der Nacht erbeuten und fressen. Meine Meinung ist, daß diese Fische dann schon sehr krank und halbtot gewesen sein müssen, denn die Freundschaft meiner Fische mit den Scheibenanemonen existiert im Aquarium seit einigen Jahren. Man kann in der Meerwasseraquaristik nichts verallgemeinern; was man in einem Becken ohne Probleme zusammen halten und vermehren kann, macht sich in einem anderen untereinander nieder.

Scheibenaktinien können sich im Aquarium durch Abtrennen von Teilchen ihrer Fußscheibe und auch durch Längs- und Querteilung vermehren. Auf einer Biotopaufnahme von einer Rhodactiskolonie sah ich bei einem Polypen eine schon deutlich ausgebildete zweite Mund- oder Magenöffnung. An dieser Stelle erfolgt nach gewisser Zeit sicher eine Teilung. Erwähnenswert ist noch, daß unsere so beliebten „süßen" Clownfische der Gattungen *Amphiprion ocellaris* und *Amphiprion percula* in Ermangelung anderer „Kuschelmöglichkeiten" Elefantenohrenkolonien als Anemonenersatz annehmen. Hier bevorzugen sie aber Arten, die üppig Tentakel vorweisen. Pilzpolypen nennen wir manche *Actinodiscus*-Kolonien auch gern, weil die auf Substrat sitzenden Gruppen einiger Arten aussehen wie abweichend gefärbte Pfifferlinge.

In tropischen Riffen fand ich in so manchen Fluttümpeln Elefantenohren riesige Flächen bedecken, deren Farben in der Natur (wie auch die der meisten Fische und sonstigen Meerestiere) wesentlich kräftiger und leuchtender waren. So gut unsere Kunstlichtverhältnisse für die Aquaristik heute sind, das einstrahlende Sonnenlicht in den Lebensraum erreichen Aquarienleuchten eben doch noch immer nicht. Bei „bunten" Elefantenohren ist das Licht aber keinesfalls alleine ausschlaggebend, denn sie kommen aus größeren Tiefen und benötigen daher nicht unbedingt direkte Beleuchtung.

Gute Bedingungen im Aquarium sind Voraussetzung für die Haltung und optimale Pflege, und Langzeiterfahrung lehrt uns, wie wir die verschiedenen Actinodiskus-Arten pflegen müssen.

Übrigens, gerade fällt mir ein, daß das Mißerfolgserlebnis beim Tentakelzählen von „glatten" Scheibenanemonen nicht bestehen zu bleiben braucht. Wie wäre es denn, wenn Sie gelegentlich einmal die Tentakel einer Seenelke in einem kalten „Nordlandaquarium" zählen? Sie gehört zwar nicht zu den *Actinodiscus,* aber eine wunderschöne, in vielerlei Pastellfarben vorkommende Hexacorallia ist sie allemal. Sicherlich werden Sie das Zählen einstellen, noch bevor Sie die Zahl fünfzig erreicht haben, denn manche Hexakorallen besitzen über eintausend „Arme".

Weichkorallen, Lederkorallen – Alcyonaria

Der Tierstock ist manchmal sehr zäh, doch zumeist hat er unzählige zierliche und zarte Polypen. Eins, zwei, drei, vier, fünf, sechs, sieben, acht! Mit der Lupe zählte ich auf einigen meiner Dias die Tentakel ausgestreckter Polypen verschiedener Lederkorallen. Sie gehören, wie so viele andere Korallentiere, zur Ordnung der Anthozoa (Blumentiere) und hier zur Unterklasse der Octocorallia. Auch die skelettbildenden Kalkkörperchen (Skleriten) haben sie mit anderen Octokorallen gemeinsam, und diese geben den Alcyonarien in der Strömung, in der sie meist stehen, den notwendigen Halt.

Wir finden Lederkorallen häufig in Kolonien und vorwiegend in warmen Gewässern, aber auch, wie beispielsweise die „Totemannshand", im Mittelmeer. Lederkorallen erweisen sich im Wirbellosenaquarium nicht nur als sehr dekorativ, sondern auch als ausgesprochen lange und gut haltbar. Braun, beige oder grünlich gefärbte Lederkorallen sind sehr lichtaktiv. Das bedeutet, daß man sie im Aquarium dort placiert, wo ihre Symbionten ausreichend mit Licht versorgt werden. Bei Neuimporten sollen auch Lederkorallen auf einem Stück Substrat festgewachsen sein. Nach längerer Zeit der Haltung im Aquarium kann man beobachten, daß sich einzelne „Finger" abschnüren, abfallen und nicht nur fest anwachsen, sondern auch weitergedeihen.

Manchmal vollziehen sie einen ausgiebigen „Wasserwechsel". Dabei schrumpfen sie auf ein Minimum zusammen und sondern nicht nur abgelagertes Sediment und selbstproduzierten Schleim ab, sondern auch Teilchen, die aussehen wie kleine Stückchen von einer Plastikfolie sowie abgestorbene Zooxanthellen.

Rotmeer-Unterwasser-Aufnahme von Weichkorallen *Dendronephtia* und Fahnenbarschen *Anthias*.

Im Riff sind Lederkorallen manchmal Standort und Herberge von kleinen Grundeln. Vor allem sind es die niedlichen Fischchen der Gattung *Gobiodon*, die gern bei oder auf *Sarcophyton*-Arten leben. Wenn sich ein Fischchen darauf niedergelassen hat, sieht es aus, als ob die kleine Grundel ein zusätzlicher Korallenfinger sei. Manchmal sah ich beim Tauchen im Riff angefressene Lederkorallen und in deren Nähe einen räuberischen Seestern. Dennoch scheinen Lederkorallen nicht über-

mäßig Freßfeinde zu haben, denn an manchen Plätzen bedecken sie große Flächen. Die Rötlinge *Anthias* im Indopazifik halten sich auch sehr gern bei Lederkorallen auf, ebenso verschiedene Büschelbarsche.
Bei Importen von marinen Lebewesen bekommen wir aus Kenia, Sri Lanka und vor allem aus Indonesien verschiedene Arten der Lederkorallen. Öffnet man die Plastikbeutel mit unverletzten und gesunden Lederkorallen, so verspürt man einen charakteristischen, leicht bitteren Geruch, der, vermischt mit dem Geruch des von ihnen gefressenen Planktons, uns darauf schließen läßt, daß sie noch nicht allzu lange vorher aus einem Riff gesammelt worden sind.
Weichkorallen der Tiefe sind wahre Farbwunder in der Dunkelheit. Wie kleine stark verzweigte Bäumchen ohne Laub stehen Weichkorallen der Gattung *Dendronephthia* vielfach an Höhleneingängen sowie auf oder unter unterspülten Riffplatten. Sie können, da sie meist im Dunkeln wachsen und kaum Licht benötigen, ihre Wachstumsrichtung den gerade herrschenden Strömungsverhältnissen anpassen. So sehen wir Weichkorallen von der Riffwand aus quer ins Wasser ragen; an Höhlendächern wachsen sie für unsere Begriffe nach „unten"; und manchmal stehen sie auch auf Korallenschutt, ganz normal mit der Krone nach oben.
Sie sehen in der Tiefe eigentlich so aus wie die Umgebung, in der sie stehen, nämlich ebenso dunkel, blau, grau, grün. Aber welch leuchtende Farben offenbaren sie uns, wenn wir sie mit unseren Lampen – einem „mitgebrachten Licht" – anleuchten! Für den Betrachter offenbaren sich in Neptuns blauem Reich dann alle Farben des Regenbogens. Wir sehen rosafarbene, goldgelbe, purpurrote, lilafarbene Weichkorallen, deren

Äste zeitweilig noch Kontrastfarben zum eigentlichen Stamm vorweisen. Diese Vielfalt und Leuchtkraft der Farben, die wieder verschwinden, wenn der Schein der Lampen erloschen ist, muten uns an wie eine Verschwendung. Bei einer erneuten Begegnung spielt uns unsere Erinnerung oft einen Streich, denn rein physikalisch gesehen sind die Weichkorallen wieder so farblos wie eh und je.

Auch bei diesen Oktokorallen finden wir in „weiches Leder" eingelagerte Kalknadeln (Skleriten). Dendronephthien unterziehen sich hin und wieder einem Wasserwechsel, und dann muß ja, wenn keine Hydrostatik im Innern der Tiere mehr herrscht, irgend etwas für einen Halt sorgen. Für unsere Steinkorallen sind sie in mancherlei Hinsicht Raum- oder Nahrungskonkurrenten. Vor allem im nördlichen Roten Meer verdrängen sie an einigen Stellen sehr stark die Steinkorallen, deren Bruchstücke und Schuttablagerungen Haftgründe für „Bunte Bäumchenkorallen" sind. Die Nesselzellen der vielen Polypen produzieren Gift, das die Polypen der Steinkorallen schädigt. Immer wieder haben wir es in Korallenriffen mit hartem Existenzkampf zu tun.

Für das Meerwasseraquarium importierte Dendronephthien werden meist auf Substrat festgewachsen im Handel angeboten. Sie trennen einzelne Äste ab, vermehren sich also geschlechtslos vegetativ. Die Haltung empfiehlt sich im Dunkeln, beispielsweise in einer kleinen Höhle, die aber im Strömungsbereich des Tauchkreiselpumpenauslaufs liegen sollte. Da sie Planktonfresser sind, sollte man versuchen, sie mit Ersatzplankton zu ernähren. Bei solchen Fütterungen aber muß man immer die Wasserqualität im Auge behalten, denn allzu leicht steigt der Nitritgehalt auf gefährliche Werte an. In Becken mit „Wirbellosen" sollten wir in jedem Fall für aktive biologische Filterung sorgen und eventuell für gut funktionierendes Abschäumen.

Schwämme – Porifera

Seit wieviel tausend Jahren menschliche „Schönheiten" beiderlei Geschlechts mit dem Naturprodukt Schwamm ihre Körperreinigung schon vornehmen und massierende Körperpflege betreiben, vermag ich nicht zu sagen. Sicher ist, daß der Badeschwamm *Spongia officinalis* = *Euspongia officinalis* viele Jahrhunderte lang in den Mittelmeerländern von großer wirtschaftlicher Bedeutung war. Mit Schwämmen, vielmehr mit deren Gerüst, das in langwierigen Bearbeitungsprozessen gewonnen wurde (trocknen, ausfaulen lassen, wässern, spülen und wieder trocknen), trieb man von der Küste aus bis weit in die Binnenländer nicht nur schwunghaften, sondern manchmal auch sehr ertragreichen Handel. In unserem heutigen „Kunststoffzeitalter" hat der Naturbadeschwamm kaum noch wirtschaftliche Bedeutung, dennoch wollen viele Menschen ihn nicht missen, besonders dann, wenn es um die Pflege des geliebten Autos geht.

Es ist gerade etwas mehr als einhundert Jahre her, als die nach dem Larvenstadium immer sessilen (festsitzenden) Schwämme die Einordnung durch SOLLAR in die Gliederung des Tierreiches fanden. Die etwa 5 000 Arten umfassende primitive Tiergruppe, der Stamm Porifera ist, wie uns der Name sagt, porentragend. Die unzähligen kleinen Einströmöffnungen (Ostiolen) sind im Innern des Schwammes durch Kanäle verbunden. Die Kanäle enden in Kammern, deren Wände mit unzähligen feinen Härchen oder „Geißeln" besetzt sind. Die in unterschiedliche Richtungen beweglichen schlagenden Geißeln erzeugen eine Wasserverwirbelung, die allerdings, nachdem verwertbare Stoffe ausgefiltert wurden, in eine fast kontinuierliche Strömung in Richtung der weniger zahlreichen, dafür aber wesentlich größeren Wasseraustrittsöffnungen (Oscula) umgewandelt wird. Für den Meeresaquarianer ist die „Lebensart" der Schwämme eine willkommene Angelegenheit, denn sie filtern zusätzlich zu der Filteranlage das synthetische Meerwasser ohne unser Zutun auf völlig natürliche Art. Ein etwa faustgroßer Schwamm kann in 24 Stunden das gesamte Wasser eines ca. 200 l fassenden Riffbeckens umwälzen. Es erfolgt somit eine völlig biologische, wertvolle Aufbereitung des synthetischen Meerwassers. Für das Riffbecken geeignete Schwämme sind in den allermeisten Fällen unwissentlich und zufällig mit einem lebenden Stein, einem Röhrenwurmgehäuse oder mit der „Wohnröhre" eines *Cerianthus* eingebracht worden. Gezielt gekaufte große und bunte Schwämme haben meiner Erfahrung nach wenig Aussicht auf ein langlebiges Dasein im Aquarium. Sie sind äußerst druckempfindlich, somit schlecht zu sammeln bzw. abzulösen, und kaum geeignet für einen langen Transport bei ständigem Wasserschwappen.

Die am Substrat angewachsenen kleinen Schwämme aus Gezeitentümpel und lichtdurchfluteten Flachwassern aber können, unverletzt ins Becken gebracht, nach längerer Eingewöhnung weiterwachsen und sich vermehren. Für einen Meerwasseraquarianer ist und bleibt es eine Genugtuung, wenn die Wirbellosen in seinem Aquarium, gute Bedingungen vorausgesetzt, ein fast von alleine wachsendes Riff aufbauen. Überall dort, wo eine Schwammart im Aquarium wächst, sei es an einem

Schlafplatz eines Fisches, an der Steindekoration, auf oder im Bodengrund, erfolgt eine, wenn auch geringe, zusätzliche Wasserzirkulation mit Filterung. Selbst Stellen, die die von den Kreiselpumpen erzeugten Strömungen nicht erreichen, erfahren somit einen Wasseraustausch – auf natürliche Weise.

Für viele kleine Schmetterlings- und Kaiserfische sind mit Schwämmen bewachsene Aquarien ideale Ersatzlebensräume. Sie können an zugänglichen Stellen an den Schwämmen herumpicken und Stückchen davon fressen. Was nicht verdaut werden kann, wirkt im Magen-Darmtrakt als gesunder Ballast.

Da Schwämme so formvariabel sind, gibt es immer wieder anderes zu entdecken. Beobachten konnte ich, daß lichtaktive Schwämme sich im Meerwasseraquarium viel besser entwickelten als die im Dunkeln existierenden Arten. Vermutlich sind es deshalb auch die leichter zu haltenden Arten; da sie meistens an strömungsreichen Plätzen stehen, kommen sie an mehr im Wasser treibendes Ersatzfutter heran. Manche dieser Schwämme wuchsen säulenförmig bis zu einer Höhe von 20 Zentimetern. Eine Schwamm-Art war weiß und trieb manchmal aus einer Säule an deren oberem Ende Verzweigungen, welche sich erneut zu Säulen formierten und dem Licht entgegenstrebten. Eine andere Art wuchs in verzweigter Form, geweihförmig, mit rauher poröser Oberfläche, hellgrüner Färbung und sehr dekorativ wirkend in einem kleinen Aquarium von mir und vermehrte sich im Laufe eines Jahres über die ganze Bodenfläche des Beckens hinweg. Auf einem porösem Lavastein gedieh ebenfalls eine kanalförmig strukturierte und in die Breite wachsende Art mit rosa- bis lilafarbiger Tönung. Selbst in lange laufenden, mit grobem Filtersubstrat bestückten Filtern finden wir sie oftmals in vielerlei Formen. Hier sind Schwämme dann biologische Filter in biologischen Filtern. Wir können uns nur wünschen, daß es sich nicht um Bohrschwämme handelt, die sich in die Silikonklebungen „fressen" können, oder aber auch um eine Art, die sich übermäßig vermehrt und, nicht auszudenken, Filter-Zu- oder Ausläufe verstopft. Sollte doch einmal Unvorhergesehenes passieren, vielleicht daß durch oben Geschildertes das Wohnzimmer unter Wasser steht, dann wäre es von Vorteil gewesen, wenn Sie lange Zeit vor dem Planen eines Meerwasserbeckens schon einen Ablauf vorgesehen hätten. Wie einfach wäre es dann, wenn man nur einen Stopfen herausziehen und nicht mühselig Eimer für Eimer aufwischen müßte.

Nacktschnecken – Nudibranchia

Nackt, apart und ungeniert farbenfroh sind die kleinen Schnecken ohne „Eigenheim". In den Ozeanen haben sich in Jahrmillionen Lebensformen entwickelt, die uns in Erstaunen versetzen. In allen Meeren, ob kalt oder warm, ob im Pelagial (Freiwasser) oder am Benthos (Felswände, Korallen, Bodengrund), offenbart sich dem am marinen Leben interessierten Aquarianer, Schnorchler oder Taucher eine Lebensvielfalt, die nirgendwo sonst auf unserer Erde ihresgleichen hat.

Beim Schnorcheln und Tauchen begegnen uns manchmal geradezu schreiend bunte, kleine und große Nacktschnecken der Gattungen *Hexabranchia* und *Nudibranchia*. Wenn man von plakatfarbenen Tieren spricht, dann muß man an erster Stelle diese grazilen, manchmal sehr bizarr geformten Schnecken nennen. Bei manchen Schnorchel- und Tauchgängen im Mittelmeer und im

Indischen Ozean sah ich sie frei im Wasser schwimmend, meistens waren es Seehasen, aber auch die sogenannte Spanische Tänzerin *Hexabranchus sanguineus*. Diese große Nacktschnecke findet man manchmal in Gesellschaft mit der Partnergarnele *Periclimenes imperator* – der „Kaiserlichen".
Am Benthos findet man sie ebenfalls: vorwiegend in Gebieten, die eine Vielzahl sessiler Wirbelloser, wie Horn-, Weich- und Lederkorallen, Krustenanemonen, Schwämme, Seescheiden und viele andere mehr, beherbergen, denn diese „Niederen" stellen zum großen Teil die Nahrungsgrundlage der Nacktschnecken dar. In manchen stark nesselnden Anemonen finden wir Nacktschnecken, die auf ihrem Rücken Tentakel entwickelt haben, welche den Fangarmen der Anemone, in der sie schmarotzen, absolut gleichen. Natürliche Feinde scheinen diese grazilen Lebewesen nicht viele zu haben. Das ist dadurch zu erklären, daß sie viel Schleim produzieren und dieser Schleim oft für den Freßfeind giftig, zumindest aber wegen seiner Aromastoffe ungenießbar ist. Vielfach sind die Schleimabsonderungen rosa, giftgelb oder violett gefärbt und signalisieren schon optisch Gefahr (wie die Warnfarben der Wespen).
Nacktschnecken haben zwei Nasen, sogenannte Rhinophoren, die vor allem ihre Umgebung abtasten und meistens ganz eingezogen werden können. Oft sind diese Rhinophoren stark kontrastfarbig zu der eigentlichen Färbung der Schnecke, und meistens haben die tentakelartigen Kiemen, die sich auf dem hinteren Rückenabschnitt befinden, die gleiche Färbung wie die Nasen. Auch die büschelartigen Kiemen, die den Schnecken den Namen Nacktkiemer gaben, sind sehr sensibel ausgebildet und werden schon bei geringster

Feuerkoralle, Schwamm, Nacktschnecke, ein faszinierender Biotopausschnitt eines Riffes im Roten Meer. Nahrungsgrundlage der kleinen Schnecke ohne „Eigenheim" ist der rote Feuerschwamm.

Berührung in einen Hautsack im Rücken eingezogen. Allzu lange kann die Schnecke aber diesen Zustand nicht aushalten, denn die lebenswichtige Sauerstoffversorgung ist dabei stark herabgesetzt, wenn nicht sogar ganz aufgehoben.

Da die Nacktschnecken keine feste Substanz in ihrem Körper haben, sind sie sehr formvariabel. Manchmal langgestreckt und dünn klettern sie zum Beispiel von einem Caulerpa-Blatt auf das andere, manchmal rund, kurz und zusammengedrängt verweilen sie zum Fressen auf irgendeinem anderen Substrat.

So bizarr und farbenfroh wie die Nacktkiemer selbst ist auch deren Laich: Knallrote, giftig gelbe, leuchtend blaue, violette oder schneeweiße, hochkant aufgestellte Spiralbänder in runder oder ovaler Form, die der Wasserzirkulation einen zwei bis vier Millimeter breiten Kanal frei lassen.

Präzise Aussagen über die Lebensdauer dieser wunderschönen Tiere im Aquarium sind kaum zu treffen. Durch vieles werden solche Angaben erschwert. Wir wissen nicht zum Vergleich, wie lange die Tiere im Korallenriff leben, ob sie saisonal existieren, oder wovon genau sie sich ernähren, wie lange sich zum Beispiel Seehasen im Pelagial aufhalten, und wie lange sie am Benthos leben. Das sind alles Fragen, die für den Meerwasseraquarianer Probleme hervorrufen und die Liebhaberei erschweren – also womöglich die Lebensdauer verkürzen.

Aus meiner eigenen Praxis kann ich sagen, daß diese oft wunderhübsch gefärbten Tiere eine Bereicherung für jedes Wirbellosenaquarium sind. Verschiedene Arten hielt ich über einen Zeitraum von eineinhalb Jahren. Hin und wieder konnte ich in meinen Filtern auch Jungtiere ausmachen. In den Becken selbst sollte Ruhe, Frieden und Eintracht herrschen, die Wasserqualität so optimal wie möglich sein, und manchmal muß man einfach beide Augen zudrücken, wenn sich ein solches Schneckchen gerade an etwas vergreift, das viel Geld gekostet hat und das man ebenfalls voller Stolz und des Interesses wegen ins Herz geschlossen hat. Weidegänger und lebhafte Schwimmer, wie Schmetterlings- und

Kaiserfische, Doktor- und Lippfische, gehören nicht in solche Wirbellosenaquarien. In Becken mit kleinbleibenden Anemonenfischchen wie *Amphiprion ocellaris/ percula* und kleinen Grundeln, auch mit Garnelen (wenn sie vorher nicht auf Nacktschneckenfleischernährung eingestellt waren, was man ja nie weiß), kann man die Schnecken ohne Gehäuse doch recht gut halten und beobachten – und viel Freude an ihnen haben.

Röhrenwürmer – Polychaeta

Für meine Stichlinge und Elritzen, die ich mir als Kind selbst gefangen hatte und in Akkugläsern pflegte, holte ich oft aus einem verschlammten Ufersaum eines Baches Tubifex, den allen Aquarianern bekannten Bachröhrenwurm. Damals gab es dieses gute Fischfutter noch, ohne Krankheitserreger, an manchen Plätzen in quadratmetergroßen Kolonien. Später waren wir dann darauf angewiesen, Tubifex im Zoofachhandel zu kaufen. In einer zweckentfremdeten Butterdose wurden sie bei flachem Wasserstand neben Salat, Wurst und Käse und anderen im Kühlschrank aufbewahrt. Wir versuchten in dieser Zeit konsequent zu vermeiden, daß Gäste, die nicht Aquaristik betrieben, sich selbst aus dem Kühlschrank bedienten. Man stelle sich nur einmal vor, jemand würde so ein Tubifexbündel mit Tatar verwechseln und ihn aufs Butterbrot streichen. Es bliebe dann nur noch, guten Appetit zu wünschen.

Wie schön so manches Gewürm aber sein kann, erfährt man, wenn man in tropischen Gewässern oder im Mittelmeer taucht und schnorchelt oder zu Hause Meerwasseraquaristik betreibt. Vorwiegend an Bootsstegen und in nicht allzu sehr öl- oder schmutzverseuchten Häfen finden wir im Mittelmeer die Schraubensabelle *Spirographis spallanzani* mit spiralig geformter, manchmal kaffeetellergroßer Federkrone. Bei Klimaverschlechterung oder auch nur bei einer Milieuveränderung werfen sie ihre Federkrone ab. Innerhalb drei Wochen wächst sie wieder nach und ist dann völlig regeneriert.

Der Doppelköpfige Pfauenfederwurm *Sabella pavonina,* dessen Federkrone nicht spiralig gewunden ist, verhält sich ähnlich. Er baut ebenso wie die im gleichen Gebiet vorkommende Schraubensabelle eine lederartige, mit Schlick und Sediment verfestigte Chitinhülle, die sehr biegsam und außerordentlich zäh ist.

Wahre Kleinode sind Kolonien von Kalkröhrenwürmern der Familie Serpulidae. Ihre in vielen Farben erscheinenden „Köpfe" schützen sie nach blitzschnellem Verschwinden in der Röhre durch einen an einem Stiel angewachsenen Deckel. Fest verschlossen für wurmfressende Räuber sind nun die „Wohnungen" der marinen Borstenwürmer. Die form- und farbvariablen Tentakelkränze der vielen Kalkröhrenwürmer, die auf und in Poriteskorallen wachsen und die dann in Faustgröße für die Meerwasseraquaristik importiert werden, gaben diesen Steinkorallenstöcken (den „Lochkorallen") auch den Namen „Multicolorsteine".

Häufig finden wir in den einschlägigen Fachgeschäften den aus der indopazifischen Region für die Meerwasseraquaristik importierten Röhrenwurm *Sabellastarte indica.* Seine Federkrone präsentiert er in vielen Farbnuancen, einfarbig und gesprenkelt. Es ist in einem strömungsarmen Aquarium ein hübscher Anblick, wenn beispielsweise gelbe, goldbraune, violette oder bunt gemusterte Röhrenwürmer in einer Gruppe beieinander stehen. An den Chitinhüllen befinden sich außerdem

Massenhaft vermehrten sich diese Röhrenwürmer in meinen Aquarien und vor allem in biologischen Filtern. Zeitweise wurden viele Eier in einer Gallertblase ausgestoßen, aus denen sich immer wieder Röhrenwürmer entwickelten.

oftmals noch Sekundärbesiedeler, die aus der Sicht des Aquarianers von großem Nutzen sind und eine zusätzliche Bereicherung bilden. Außer vielen wertvollen Kleinorganismen finden wir verschiedenfarbige und unterschiedlich geformte filtrierende Schwämme, kleine Austern, manchmal sogar Kalkröhrenwürmer und

Kalkröhrenschnecken, auch hin und wieder kleine Triebe von interessanten Blattalgen.

Verläßt ein Röhrenwurm aus Unbehagen einmal seine Röhre, so gelingt es manchmal, ihn mit dem Körperende zuerst, richtig herum also, wieder einzufädeln. Verbleibt er dann immer noch nicht darin, so sollte man ihn in Ruhe lassen. Wahrscheinlich behagt ihm der Standort nicht, und er wird sich, vorausgesetzt er ist gesund, an anderer Stelle eine neue Röhre bauen.

Zeitweise vermehrte sich in meinen biologischen Filtern eine Sabellenart massenhaft völlig ohne zusätzliche Fütterung. Kleine, aus den Filtern entnommene Kolonien vermehrten sich, in Becken mit Wirbellosen gesetzt, durch Hunderte ausgestoßener Eier in einer Schleimhülle. Nach dem Zerfall der Hülle trieben die Eier drei bis vier Tage als Plankton umher und setzten sich dann, spezifisch schwerer als Meerwasser geworden, irgendwo fest. Ausgewachsene Röhrenwürmer dieser Art zeigten immer die gleiche orange-braun-weiß gesprenkelte Federkrone. Gezielt gefüttert habe ich meine unterschiedlichen Röhrenwürmer nie. Als Sedimentfiltrierer ernähren sie sich von allerlei Schwebeteilchen, die zwangsläufig beim Füttern mit aufgetautem Frostfutter oder beim Auflösen einer Trockenfuttertablette entstehen. Sie können dann sozusagen „im Trüben fischen", und sie helfen mit, das synthetische Meerwasser in einen guten, biologisch wertvollen Zustand zu bringen.

Schnecken und Muscheln – Gastropoda, Bivalvia

Kulinarischen Genuß hat man beim Verzehr mancher Meeresmuscheln und Schnecken. Viele Arten sind beim Schnorcheln und Tauchen beobachtenswert. Manche zweischaligen Muscheln (Bivalvia) und Gehäuseschnekken (Gastropoda) kann man, entsprechende Bedingungen vorausgesetzt, gut im Meerwasseraquarium pflegen. Aus dem tropischen Atlantik mit der Karibik, dem Indopazifik und auch aus dem Mittelmeer erhalten wir mit Importen hin und wieder die Feilenmuschel *Lima lima*. Beide Schalen sind mit feinen Stacheln besetzt, und das Tier selbst ist gelborange, dunkelorange oder rot gefärbt. Die langen farbigen Tentakel dienen nicht nur dazu, Nahrung festzuhalten, sondern auch als Fortbewegungsmittel. Beim ruckartigen Zusammenklappen der Schalen wird durch die vielen Tentakel mehr Wasser verdrängt. Nach dem Rückstoßprinzip, dabei in Zick-Zack-Sprüngen, können die Tiere eine für Muscheln verhältnismäßig große Strecke zurücklegen. Hat eine Feilenmuschel im Aquarium einen ihr zusagenden Platz gefunden, produziert sie sich selbst eine Verankerung. Zähe Schnüre, Byssusfäden genannt, halten das Tier an Ort und Stelle unverrückbar fest. Wird die Feilenmuschel nicht von Fischen belästigt, die ständig an den Tentakeln herumpicken, so kann sie recht lange im Aquarium gehalten werden.

Vielfach mit einem „lebenden Stein" werden kleine Austern *Ostrea* unwissentlich ins Meeresaquarium gebracht. Eines Tages entdeckt man dann so eine Auster und freut sich darüber, daß ein interessantes Lebewesen mehr aus der Vielfalt mariner Tiere im Aquarium ist. Die obere Schale der Austern ist zumeist noch mit einer Vielzahl anderer Lebewesen bevölkert. So befinden sich Schwämme, Seescheiden, Krustenanemonen, aber auch Algen und Tange darauf, und alle zusammen sind ein kleiner Ausschnitt aus dem Riff. Ist genügend gelöster Kalk im Wasser, dann kann so eine

Auster im Aquarium durchaus wachsen. Beim Tauchen in tropischen Riffen sah ich so manche Gesellschafter bei den Austern. Vor allem waren es schön gefärbte Haar- und Federsterne, die sich tagsüber an den Schalen der Austern Halt verschafften. Einige Schlitzohren, unter anderen meine speziellen Freunde, die grünen bösen Beißer namens *Balistoides viridescens,* die beim Schnorcheln so angriffslustig sein können, beobachtete ich manchmal dabei, wie sie mit ihrem kräftigen Gebiß deutlich hörbar Austern knackten und das Fleisch genüßlich verspeisten.

Wahre Schauergeschichten werden von der Familie der Riesenmuscheln (Tridacnidae) erzählt. Damit das Schaudern noch gesteigert wird und sich die menschliche Hülle zu einer rechten „Gänsehaut" verändert, nennen wir sie auch Mördermuscheln. Nun, beeindruckend ist die Größe mancher Mördermuscheln schon. Die Schalen der besonders großen Arten *Tridacna gigas* und *T. maxima* können einen Durchmesser von 1,50 m und mehr erreichen, wenn auch Tiere dieser Größe nur im östlichen Indik und westlichen Pazifik vorkommen. Daß ein Taucher sein Leben lassen mußte, weil er in einer Mördermuschel eingeklemmt war, ist bislang nicht belegt. Das ruckartige Schließen der beiden Schalen dient ausschließlich zum eigenen Schutz des Weichtieres – nicht etwa als Waffe.

Durch das neue Bundesnaturschutzgesetz, das ja bekanntlich seit dem 1. Januar 1987 in Kraft ist, werden Meeresaquarianer kaum mehr in die Lage kommen, die schönen Tiere in ihrem Aquarium zu pflegen und die interessante Endosymbiose mit Zooxanthellen zu beobachten. Daß nicht alles Hand und Fuß hat, was hier verordnet wurde, sah ich bei einem Aufenthalt am

Roten Meer. Eine Beduinengruppe begab sich bei Ebbe auf ein Riffdach und hebelte mit einer Art Brecheisen alle erreichbaren Riffmuscheln aus den Korallen. Einen kleinen Teil verspeisten sie roh an Ort und Stelle, und der große Rest vergammelte stinkend in der Sonne. Zum Glück erreichte das Wasser bei einsetzender Flut einen Teil des „Misthaufens" und nahm mit zurück, was zuvor in bunter Vielfalt lebte. Einige Seevögel und auch Reiterkrabben verzehrten den Rest.

In Ostafrika und Asien galten Porzellanschnecken *Cypraea* schon lange vor dem Gebrauch von Münzgeld als Zahlungsmittel. So mancher Jüngling begann in früher Jugend mit dem Sammeln von Kaurischneckengehäusen, um sich zu gegebener Zeit eine schöne Maid fürs Leben zu zweit zu kaufen. Einige waren viele Jahre lang besonders erfolgreich und hatten auch noch das Glück, erlesene Stücke zu ergattern, beispielsweise eine Goldkauri, deren Gehäuse heute von „betuchten" Liebhabern mit 2 000 Dollar und mehr honoriert werden; sie konnten sich dann, gehörten sie zum Beispiel dem Islam an, noch eine zweite, dritte oder gar vierte Frau kaufen. Das waren noch Zeiten! Gleichermaßen wie die Riesenmuscheln dürften wohl die Kaurischnecken bekannt sein, und jeder Tourist in Nah- und Fernost kennt die Situation, daß Kinder, Jugendliche oder Erwachsene mit entsprechender Gestik und gezieltem Feilschen Kaurischneckengehäuse in unterschiedlichen Größen und verschiedenen Färbungen zum Verkauf anbieten.

Für das Aquarium gibt es einige Arten, die gut zur Pflege geeignet sind. Abgesehen von den Nahrungsspezialisten unter ihnen, fressen viele Arten Aufwuchs, und manche halten den Grünalgenteppich kurz. Daß sie sich gelegentlich auch an teuer „Gekauftem" gütlich tun, sollte man ihnen verzeihen. Es ist nun einmal die einzige Möglichkeit, auf diese Weise im Ersatzlebensraum zu überleben. Interessant ist sie schon, die Pflege von Meeresmuscheln und Schnecken im Meerwasseraquarium. Die einen fangen Plankton und sonstiges Geschwebe mit Tentakeln wie die Seeanemonen, die anderen erzeugen Wasserströmungen und fischen in Höhlen im Trüben oder leben in Endosymbiose mit Zooxanthellen, betreiben somit Fotosynthese, und schließlich sind Gehäuseschnecken meistenteils „Weidegänger". Sie raspeln mit ihrer sehr rauhen Zunge selbst Aquarienscheiben sauber.

Meeressterne, Stachelhäuter – Echinodermata

Wann immer ich beim Schnorcheln, Tauchen oder beim Auspacken einer Sendung von Meerestieren ersten visuellen Kontakt mit marinen Sternen bekomme, empfinde ich durchaus keine Widerwärtigkeiten, obwohl mir gleichzeitig ein beliebter Spruch meines ehemaligen Lateinlehrers einfällt: „per aspera ad astra"! Ob Seesterne, Seeigel, Seewalzen – alle sind kleine Wunderwerke der Natur. Erstaunlich ist auch, wie viele Lebensbereiche sie für sich erobert haben. In allen Meeren, in geringen oder großen Tiefen, an Sandstränden oder Felsküsten, in kalten oder warmen Gewässern, in Stillwasserzonen oder an strömungsexponierten Stellen, Sterne begegnen uns überall. Sie gehören mit zu den ältesten Lebewesen, die unsere Erde bewohnen. Viele Versteinerungen zeugen von ihrer Existenz seit Millionen von Jahren.

Schon als Kind faszinierten mich die an der Nordsee, im Watt massenhaft vorkommenden Seesterne. Später dann, bei meinen Mittelmeerexkursionen, traf ich sie wieder. In den letzten Jahren nun begegnen sie mir bei meinen Schnorchel- und Tauchgängen in tropischen Meeren. Für meine Mittelmeeraquarien brachte ich mir immer Scheibensterne *Asterina,* Purpursterne *Echinaster,* kleine Eissterne *Marthasterias,* Schlangen- und Haarsterne, *Ophiura* und *Amphiura,* mit.

Manche dieser Tiere pflegte ich bis zu drei Jahren. Alle Seesterne sollte man möglichst nicht aus dem Wasser nehmen. Sie haben ein empfindliches, im Tierreich einmaliges, hydraulisches System (Ambulakralsystem). Es dient der Fortbewegung, der Verankerung am Substrat und auch dem Transport der Nahrung zur Gastralöffnung. Seesterne reagieren äußerst empfindlich auf Dichteschwankungen des Wassers, auf Verunreinigungen und auf Verletzungen der stachelbewehrten Haut. Es gibt unter ihnen reine Pflanzenfresser, reine Fleischfresser und auch Arten, die sowohl tierische als auch pflanzliche Nahrung zu sich nehmen. Die tropischen Federhaarsterne sind dämmerungs- und nachtaktive Planktonfresser, ebenso das Gorgonenhaupt, das sich tagsüber zusammenrollt und dann aussieht wie das Nest der Webervögel.

Viele fleischfressende Sterne verdauen mit ihrem ausstülpbaren Magen die Nahrung außerhalb des Körpers. Leider sind es meist die räuberischen Arten, die im Aquarium gut zu halten sind. Sie zerstören viel, und bis der Aquarianer es weiß, ist zumeist schon allerlei auf der Strecke geblieben. Es gibt einige Arten (ich denke da zum Beispiel an die Dornenkronen *Acanthaster planci*), die bei massenhaftem Auftreten binnen weniger Jahre ein blühendes Riff zum Absterben bringen, so zum Beispiel die Hausriffe mancher Malediveninseln und Teile des australischen Barriereriffs. Dabei sägen sie sich unter Umständen den Ast ab, auf dem sie sitzen. Ist ein Riff zerstört, müssen sie abwandern, was oft für die Dornenkrone das Ende bedeutet. Das Gemeine Tritonshorn *Charonia tritonis*, eine recht groß werdende Gehäuseschnecke, ist ein natürlicher Freßfeind der Dornenkrone, und der Naturfreund läßt schon aus diesem Grunde die lebende Schnecke im Korallenriff. Für den Betrachter ist oft die symmetrische Form der Seesterne, die beachtliche Größe (Kissenseesterne) und die mitunter plakative Färbung bestechend. Die Gattung *Linckia* besitzt walzenförmige, runde Arme und grelle Farben. In den Fluttümpeln der ostafrikanischen Küste findet man diese Art häufig. Die Sterne „schreien" förmlich aus dem Wasser, mit ihrer gelben, purpurroten, orangen oder violetten Färbung. Andere sind dunkelrot oder braun, mit starken Kontrastfarben auf der Grundfärbung. Sie wirken wie eine Farbpalette, oftmals abstrakt; der Fantasie des Betrachters sind keine Grenzen gesetzt.

Häufig kommt an der ostafrikanischen Küste auch einer der am meisten importierten und daher besonders gut bekannten Seesterne vor: *Protoreaster lincki*. Gemeinsam mit Stein- und Diademseeigeln, Seewalzen (als Stachelhäuter nahe verwandt) weiden die Tiere den pflanzlichen und tierischen Aufwuchs auf Steinen, zwischen Seegras und Korallen ab. Wer durch das flache Wasser watet, der braucht festes Schuhwerk an den Füßen; denn die Stacheln mancher Seesterne und vieler Seeigel sind in der Haut des Menschen recht unangenehm und werden besser gemieden.

Übrigens können sich viele Meeressterne, auch einige der Gattung *Linckia,* sowohl geschlechtlich als auch

Friedliche Stachelhäuter, wie hier dieser Seestern, und Multicolorsteine mit Kalkröhrenwürmern, die mit doppelt gedrehten und vielfarbigen Tentakelkränzchen Plankton fischen, bereichern ein Wirbellosenaquarium. Natürlich dürfen hier nur Fische eingesetzt werden, von denen man weiß, daß sie keine Weidegänger sind, die ständig an irgend etwas herumpicken.

ungeschlechtlich vermehren. Zum Zweck der ungeschlechtlichen Vermehrung wirft ein Tier einfach einen oder auch mehrere Arme ab. Daran entwickeln sich schon bald wieder kleine Arme, und nach einer angemessenen Frist ist ein neuer Seestern komplett. Abgeworfene Teile werden am „Elterntier" regeneriert. Auf diese Weise geschieht es, daß man im Riff, bei Tauchgängen, solche Sterne oft mit unterschiedlich langen Armen sieht, oder man findet eine „Kinderstube von Seesternen", abgeworfene Arme, die alle dabei sind, sich zu neuen Seesternen zu entwickeln.

Zu Hause, im Aquarium, kann man seine „Stars" beobachten, ohne sich vor den Stacheln fürchten zu müssen. Wie interessant ist es, zu sehen, daß der Schlangenstern schon vom Geruch einer Futtertablette dazu animiert wird, zwei oder drei Arme unter einem Stein hervorzuschlängeln und die Umgebung abzutasten. Wird er fündig, transportiert er die Futtertablette ganz geschickt zum Magen. Mitunter entdeckt man im Aquarium auch ein Haarsternchen, das rein zufällig mit einem durchlöcherten „lebenden" Stein eingeschleppt wurde. Vielleicht hat schon eine Vermehrung stattgefunden, und man sieht überall aus der Dekoration Arme ragen.

Man staunt auch, wenn eines Tages von einem mitgebrachten siebenarmigen Stern, jeder Arm für sich, durch das Becken spaziert. Nach einem halben Jahr ist aus jedem Arm ein neuer Seestern geworden.

Vorsicht geboten ist bei der Pflege von Seewalzen. So interessant und schön manche Arten sind – stirbt ein solches Tier unbemerkt ab, wird unweigerlich das Wasser vergiftet. Geht manchmal ein kompletter Besatz an Fischen ein, und man weiß momentan nicht, warum, dann könnte das Absterben oder die Giftabsonderung einer Seegurke die Ursache gewesen sein.

Ja, sie ist schon sehr wundersam, die Welt der Sterne des Meeres, und wert, genauer erforscht zu werden. Was liegt also näher, als zumindest einige nicht-räuberische Arten in einem Meerwasseraquarium zu pflegen.

Symbiosen – Partnerschaften

Schutz- und Trutzbündnisse auf Gedeih und Verderb

Saubermanns Symbiose – Putzstationen im Korallenriff

Was sind dies doch für wundervolle Anblicke, die man beim Tauchen hat, dem vielzitierten schwerelosen Schweben in Neptuns scheinbar blaugraugrünem Reich. Man kann sie kaum auf einen Blick erfassen.
Wir gleiten hinab an einer traumhaften Korallenriffwand, staunend und voller Erwartung, und nehmen sie mit all unseren Sinnen wahr, diese Wunderwelt, freuen uns darüber, daß wir hier für kurze Zeit zugehörig sein dürfen. Die Wand ist an dem Außenriff stark strukturiert, mit vielen Einschnitten, Überhängen und Brandungshöhlen, die vermutlich entstanden sind, als während der letzten Eiszeit Unmengen von Wasser in den damals großen Polargebieten in Form von Eis gebunden waren und der Wasserspiegel der Weltmeere um ein Vielfaches niedriger lag als heute.
Wir werden abgelenkt von traumhaften Bildern, die uns an diesem Platz so überreichlich geboten werden, abgelenkt zum Beispiel beim Anblick einer Ansammlung verschiedener Fischarten. Sie stehen ruhig da, abwartend, Freund und Feind, kleine und große, in trauter Gemeinschaft, hier völlig ohne Aggressionen untereinander. Ein stattlicher Nikobarenkaiserfisch *Pomacanthus imperator*, besser bekannt unter dem Kurznamen „Imperator", hat sich eingefunden, und hin und wieder hören wir ihn die für Großkaiserfische charakteristischen klopfenden Laute ausstoßen. „Tock, tock, tock"

ertönt es, fast hat man den Eindruck, als riefe er jemanden herbei, und er verhält sich ganz ruhig, steht da mit leicht abwärts geneigtem Kopf. Plötzlich kommen sie angetanzt, in wippender Schwimmweise und nur die Brustflossen als Antrieb benutzend, praktisch im Wasser hängend, und signalisieren, so scheint es uns: „jetzt sind wir da, gleich geht's los". Es ist ein Pärchen der Blauen Meerschwalben *Labroides dimidiatus*, die am weitesten verbreiteten und am häufigsten vorkommenden Putzerlippfische im Indischen Ozean – „Ökologische Nischenbesetzer". Diese Putzerlippfische, deren Lebensaufgabe es ist, viele andere Fischarten von lästigen Parasiten zu befreien, von erkrankten Schuppenteilen oder Schleimhautstückchen, haben hier an einem übersichtlichen und gut zugänglichen Platz eine Putzstation besetzt. Ein ständiges Kommen und Gehen herrscht, ein gut funktionierendes „Geschäft" in Sachen Dienstleistung wird uns präsentiert.

Immer wieder sehen wir, daß sich gerade Kaiserfische außerordentlich gerne zu Putzstationen begeben. Ist die gegenseitige Verständigung von Putzerfisch und Kunden für uns schon interessant zu beobachten, so staunen wir erst recht, wenn wir in einer Höhle sehen, daß sich auch kleine Garnelen, Langschwanzkrebse *Natantia*, als Dienstleistende verdingen. Im Riff und in unseren Aquarien können wir verschiedene Garnelenarten beim Putzen beobachten. Sehr häufig werden die uns sehr gut bekannten Scherengarnelen *Stenopus hispidus* importiert, die von den Amerikanern treffend auch „Barbershopshrimps (Friseurladengarnelen)" genannt werden. Andere, sehr bekannte und äußerst aktive Putzergarnelen sind die Garnelen der Gattung *Lysmata* und zwar die Weißbandgarnele *Lysmata amboinensis/grab-*

hami und die Feuer- oder Kardinalsgarnele *Lysmata debelius*. Auf weitere Garnelenarten, von denen wir wissen, daß sie sich putzend betätigen, will ich hier nicht näher eingehen, da ich mich auf meine eigenen Begegnungen mit Kunden und ihren „Saubermännern" beschränken möchte. Erwähnt sei noch die Putzergarnele *Leandrites cyrtorhynchus* im Indopazifik und die Gattung *Periclimenes*, deren Vertreter sowohl im Indopazifik als auch im Atlantik vorkommen und von denen viele Arten Partnergarnelen mit Wirbellosen sind, aber auch einige von ihnen putzen.

Bei den Putzerfischen beobachten wir zuerst das „Antanzen" als Putzbereitschaftssignal seitens der Barbiere und sehen dann für die Dauer des eigentlichen Putzvorganges, daß der Kunde ständig mit den Bauchflossen von ihnen „betrillert" wird. Der Kaiserfisch hält still, spreizt seine Kiemendeckel und öffnet das Maul. Er weiß, solange er „betrillert" wird, daß die Meerschwalben noch beim „Arbeiten" sind. Neigt die Majestät mehrmals den Kopf und klappt dabei das Maul auf und zu, merken die Putzerfische, daß sie nun genug des Guten getan haben, sie unterbrechen den Putzvorgang, und gemächlich zieht der Kunde davon. Für eine bestimmte Zeitspanne ist er von dem lästigen Juckreiz befreit, der ihn offenbar gequält hat.

Wir beobachten aber noch etwas sehr Merkwürdiges: Die Putzabläufe begannen zunächst völlig normal. Der Kunde spreizte seine Kiemendeckel, und der Putzer tanzte wippend heran. Dann jedoch stürzte er sich ungewöhnlich heftig auf den Säuberungsbedürftigen, der, vom Putzer offenbar gebissen, die Flucht ergriff. Wir fingen einmal den vermeintlichen Putzerlippfisch, untersuchten ihn näher und kamen einer unerhörten

Betrugsaffäre auf die Spur. Dieser Bursche sah zwar wie ein *Labroides* aus, aber er war gar keiner! Er entpuppte sich als Säbelzahnschleimfisch *Aspidontus*, der *Labroides* nicht nur zum Verwechseln ähnlich sieht, sondern auch dessen Verhalten nachahmt. Unter dieser Maske nähert er sich seinem Opfer, das ihn für einen Putzer hält, und reißt ihm mit seinem scharfen Gebiß Fetzen aus Haut und Flossen.

Wie zu erwarten, ist der Betrüger seltener als sein Vorbild. Wenn das nicht so wäre, würde er es den Fischen allmählich abgewöhnen, sich putzen zu lassen; die Barbierstuben blieben leer, und der Betrüger hätte letztlich selbst das Nachsehen.

Doch kehren wir zu der Stelle zurück, an der wir unsere Beobachtungen mit dem Imperator und den echten Putzerlippfischen machten. Kommt die Zeit, wo sich unser Kunde gerne wieder kratzen möchte und dies nicht kann, weil er keine Hände hat, er dann beim Scheuern durch Entlangstreifen an einem rauhen Substrat nicht jeden juckenden Körperteil zur Genüge erreicht, ist es durchaus möglich, daß er erneut die Lippfisch-Putzstation aufsucht. Da hier aber oft sehr viel los ist und andere Tiere hintereinander „Schlange stehen", er sich, wenn es sich um einen Kaiserfisch handelt, standesgemäß zwar vernachlässigt vorkommt und sich dennoch nicht vordrängeln will, nimmt er eine andere Möglichkeit wahr. Er „kennt" in der Nähe eine andere Höhle, in der er ebenfalls schon oft außerordentlich gut bedient worden war.

Schon von weitem sieht er weiße „Antennen" oder wippende und tanzende Streifen oder Punkte – kontrastreiche, plakatfarbene Zeichnungen auf den Körpern der Putzergarnelen.

Sie signalieren ihm: „Komm doch hierher, auch hier ist eine Putzstation, auch wir sind für dich da, und auch wir wollen dich zufriedenstellen." Nun, diese Ökonische ist besetzt mit Garnelen. An diesem Ort hebeln die kleinen dienstbaren Geister mit ihren Scheren Parasiten ab, ständig mit ihren Antennen auf „Tuchfühlung" mit dem hohen Gast. Und er genießt es offensichtlich, er dreht sich ganz langsam mit dem Körperteil, welches ihn am stärksten juckt, in die Richtung, wo die eifrigsten Barbiere tätig sind. Dabei kann es vorkommen, daß er mit einer Seite an der Höhlendecke hängt oder aber mit der anderen flach auf dem Boden liegt, je nachdem, wo sich die Garnelen aufhalten. Wären nicht die nach oben steigenden Luftblasen unserer ausgeatmeten Luft manchmal einziger Hinweis für uns, oben oder unten zu erkennen, wir würden total die Orientierung verlieren. Es herrschen hier andere Gesetzmäßigkeiten als auf dem festen Boden der Erdoberfläche, Gesetzmäßigkeiten, an die man sich immer wieder gewöhnen muß.

Eine Putzstation im Meerwasseraquarium

Seit vielen Jahren pflege ich zu Hause in einem meiner Meerwasseraquarien neben Kaiser-, Schmetterlings- und Doktorfischen auch ein Pärchen Putzerlippfische, das mir ein befreundeter Exporteur aus Sri Lanka beim Fang als Pärchen zusammenließ und so gekennzeichnet schickte. Das 400-l-Becken ist im Vergleich zu einem Korallenriff nur eine lächerliche Pfütze; dennoch gelang es mir in diesem Aquarium mit guter biologischer Filterung, mit Alterung des Wassers ohne übermäßige Belastung, mit vielen Rückschlägen und trotzdem mit Beharrlichkeit und genauer Beobachtung, ein Ersatzbiotop zu schaffen, das hinlängliche Lebensbedingungen für einige meiner mir ans Herz gewachsenen „Juwelen des Siebten Kontinents" bietet.

In diesem Becken hat sich das Putzerlippfisch-Paar eine Barbierstube aufgebaut. Die Nacht über verbringen die beiden Blauen Meerschwalben in einem Loch eines Schlackensteines, dort spinnen sie einen „Schlafsack", der aus einem kokonartigen Schleimnetz besteht. Am nächsten Morgen zerfällt dieses Netz innerhalb einer Stunde. Nach dem Einschalten der Beleuchtung dauert es ungefähr eine Stunde, bis die ersten „Kunden" geputzt werden wollen.

Oftmals stehen drei Fische hintereinander vor der Behausung der Putzerlippfische. Die Verständigung der Kunden mit den Dienstleistenden im Aquarium ist identisch mit der des Riffs. Das größere Männchen beginnt immer mit dem Putzen. Auffällig ist, daß der Putzvorgang im Aquarium nicht so lange dauert wie im Meer. Das kann natürlich daran liegen, daß die Kunden im Aquarium wesentlich kleiner sind als im Korallenriff. Zudem wechselt der Bestand, wenn ein Becken einmal eingefahren ist, kaum noch, und wenn die Tiere einmal von Parasiten befreit sind, gibt es einfach nichts mehr zu putzen. Dennoch hat es den Anschein, als wären alle Kunden mit Parasiten übersät, denn so eifrig gehen die Putzer ihrem Gewerbe nach.

Unter meinen Kaiserfischen treten häufig Rivalitäten auf, manchmal ist das Pärchen Putzerfische dann bereit, sich zu trennen und einen zweiten Kunden zur gleichen Zeit zu bedienen. Nachmittags wird kaum noch geputzt, statt dessen sorgen dann die beiden Putzer für ihre Nachkommen. Verliebte Dienstleistende leisten Liebesdienst! Sie „hängen" nebeneinander im Wasser und

Springlebendig und putzmunter sind die dienstbaren Geister Putzerfisch und Putzergarnele.

bewegen nur die Brustflossen. Langsam steigen sie hoch in die Strömung und schwimmen dann in Richtung eines großen, grünen Fadenalgenbüschels. Dort hinein zwängt sich das kleinere Tier (das Weibchen), verschwindet darin und kommt auf der anderen Seite des Büschels wieder heraus.

Kurze Zeit später schwimmt das Männchen in den so entstandenen Tunnel und besamt die vermutlich abgegebenen Eier. Da sich dieser Vorgang innerhalb zwei Stunden 7- bis 9mal wiederholt und das Weibchen danach deutlich schlanker ist, müssen wohl im Algentunnel Eier abgesetzt worden sein. Dann beging ich einen Fehler, aus dem ich den Leser zu lernen bitte:

Als ich das Algenbüschel untersuchen wollte, mußte ich beim Herausnehmen an dem Pumpenauslauf vorbei, und dessen Strom blies den ganzen Eiersegen ins Aquarium. Dreißig Zentimeter hinter dem Auslauf standen dann die Schmetterlings- und die Doktorfische und fraßen den weggeblasenen Laich. Kaviar!

Leider habe ich bis jetzt nie die Möglichkeit gehabt, die Eier zu isolieren. Dennoch macht es mir Spaß, diese so verhaltensinteressanten Tiere zu Hause mit mehr Ruhe zu beobachten als beim Tauchen.

Das Schöne bei der Meeresaquaristik ist, daß man zu Hause in seinem Aquarium all dies in Ruhe betrachten kann – ohne Druck, physikalisch gesehen: ohne den uns umgebenden Wasserdruck in größeren Tiefen, zeitlich betrachtet: ohne die Gedanken daran verschwenden zu müssen, daß unser begrenzter Luftvorrat zu Ende geht. Beim Tauchen wünschte ich mir so manches Mal, daß ich doch noch länger verweilen könnte, um angefangene Beobachtungen im kleinsten Detail und in der vollen Bandbreite vollenden zu können.

Die „Süßen" im „Salzwasser"
Anemonenfische und ihre Partner

Eine der wohl bekanntesten Partnerschaften in tropischen Riffen ist die Symbiose der Clownfische mit ihren Wirtstieren, den Seeanemonen. Bekanntlich ist eine Symbiose eine Partnerschaft verschiedenartiger Lebewesen zum gegenseitigen Vorteil und Nutzen der Beteiligten. Lange Zeit umstritten war, welchen Nutzen wohl das Blumentier als Wirt aus der Lebensgemeinschaft mit den Anemonenfischen zieht.

Wer schon einmal im Korallenriff geschnorchelt oder getaucht hat, der kennt den unwahrscheinlich großen Mut der kleinen Anemonenfische, wenn sie „ihre" Anemone gegen Freßfeinde, beispielsweise viele Arten der wunderschönen Schmetterlingsfische, mit Vehemenz verteidigen. Selbst der viel größere Taucher, der dies beobachten will, wird von den höchstens 14 Zentimeter langen Riffbarschen wütend angegriffen. Die meisten Anemonen besitzen starkes Nesselgift und schützen sich dadurch selber, indem sie Angreifer mit Nesselzellen „beschießen". Offenbar reicht dieser Schutz nicht aus, so daß die gierigen Fresser doch einige Fangarme abbeißen. Wird eine Anemone allzusehr attackiert, zieht sie sich zusammen, und der nicht nesselnde Körper ist den Angriffen der beweglichen Feinde dann natürlich schutzlos ausgeliefert.

Sind erst die „Schießvorrichtungen" außer Betrieb, das heißt, alle Tentakel eingezogen, dann könnten sich viele Riffbewohner an dem eigentlichen Körper der Anemone gütlich tun – wenn nicht unsere mutigen Besetzer etwas dagegen hätten. Der Nutzen hingegen, den unsere „süßen" Anemonenfische aus der Partnerschaft

ziehen, ist offensichtlich. Anemonenfische sind keine besonders guten Schwimmer, und von schneller Flucht vor größeren Raubfischen, die mit der Geschwindigkeit eines abgeschossenen Pfeiles losschießen und Beute schnappen, kann nicht die Rede sein. Selbst größere Räuber verbrennen sich aber auch nicht gerne ihr Maul, sie sind dazu übergegangen, anderweitig Beute zu machen, die Anemonenfische haben ihre Ruhe.
Daß die Anemonenfische im nesselnden Tentakelwald der Anemonen ausgezeichnet vor Freßfeinden geschützt sind, stand von jeher außer Zweifel. Um so „brennender" war die Frage nach dem Mechanismus, der die Anemonenfische davor schützt, selbst genesselt zu werden. Der Zoologe DIETRICH SCHLICHTER, der sich intensiv mit dem Problem Nesselschutz beschäftigte, kam zu folgenden Untersuchungsergebnissen (u. a. in Naturwiss. 57 (1970), S. 312–313): Die Anemonenfische besitzen keinen angeborenen Nesselschutz, sondern werden wie andere Riffbewohner genesselt. Jedoch meiden sie nach der ersten Nesselung nicht wie die anderen Fische weitere Kontakte, sondern suchen immer wieder Berührung mit den Tentakeln der Anemone. Sie schrecken nicht zurück, sondern schmiegen sich, zum Teil unter Lautäußerungen, gegen die Fangarme, wobei sich die gegenseitige Berührung laufend verstärkt. Durch diese „Anpassung" übernehmen die Fische einen in den Drüsenzellen der Anemone gebildeten Schutzstoff, der direkt auf die Nesselkapseln wirkt. Dieser Schutzstoff verhindert, daß sich die Fangarme der Anemone gegenseitig nesseln, und dient dem Blumentier außerdem dazu, seine Umgebung durch Imprägnation zu markieren. Im Verlauf der „Anpassung" übernehmen die Anemonenfische ihre „chemische Tar-

nung" stufenweise. Sie deponieren sie für einen gewissen Zeitraum zuerst in der Schleimhaut der Maulregion, dann in der Kehlregion und im restlichen Körper mit den Flossen. Waren Anemonenfische längere Zeit nicht in einer Anemone, was in ihrem Biotop höchst selten vorkommt, dann aber doch geschieht, wenn sie für die Aquaristik exportiert werden, müssen sie sich erneut „imprägnieren".

Riffbarsche, besonders die Anemonenfische *Amphiprion* und *Premnas*, werden im allgemeinen nicht größer als 10 bis 14 Zentimeter. Meistens bleiben sie sogar kleiner und erreichen nur ca. sieben bis neun Zentimeter Gesamtgröße. Bis heute wurden 26 Arten Anemonenfische entdeckt und beschrieben. Das hervorragende Buch von dem Wissenschaftler Dr. GERALD R. ALLEN, „Die Anemonenfische – Arten der Welt", möchte ich in diesem Zusammenhang jedem Meerwasseraquarianer empfehlen. Viele Anregungen erhielt ich beim Lesen dieses Buches, und eines Tages war der Wunsch da, zu sehen, wo diese wunderschönen Tiere zu Hause sind und wie sie sich in ihrer Heimat, dem Korallenriff, zusammen mit ihren Wirten, verhalten.

Schon einige Jahre, bevor ich mich zum ersten Mal in einem Korallenriff unter Wasser begab, waren mir die Anemonenfische besonders ans Herz gewachsen, und ich hatte bereits vorher junge Tiere zu erwachsenen Fischen herangezogen. Aber erst der Einblick in ein tropisches Riff machte mir so vieles verständlicher, revidierte einige meiner Meinungen, vervollständigte andere und rundete das von mir entworfene Bild über diese Fische ab. Keine Lebewesen im Süß- oder Seewasser, in der Luft, auf dem Feld, in der Wüste oder im Wald zeigen einen solch charakteristischen Individualismus wie Anemonenfische. Das enge Zusammenleben mit ihren Anemonen, mit nichts sonst auf der Erde vergleichbar, ihr interessantes Verhalten bei der Partnerwahl, beim Ablaichen und bei der Brutpflege, ihre gute Haltbarkeit im Meerwasserbecken, ihre leichte Pflege und ihre Widerstandskraft gegen Krankheiten nach Eingewöhnung in ihre neue Umgebung machen diese Tiere für den Meeresaquarianer zu höchst begehrenswerten Pfleglingen.

Meine Beobachtungen in Korallenriffen zeigten mir, daß Anemonenfische im großen und ganzen recht behäbige und ortstreue Fische sind, die die meiste Zeit in ihrer Anemone bleiben und zum größten Teil in Einehe, also monogam, leben. Viele Arten leben hauptsächlich in Gemeinschaft mit der am weitesten verbreiteten Symbioseanemone *Radianthus ritteri*. Der Körper dieser Anemone ist einfarbig; sie sind in vielen Farbnuancen anzutreffen. Es gibt weiße, gelbliche, beigefarbene, hell- und mittelbraune, rote, violette, lilafarbene und blaugefärbte Ritter-Anemonen, die einzeln, in Gruppen von drei bis fünf Exemplaren oder sogar in Riesenfeldern, als Sekundärbesiedeler auf totem Korallengestein, anzutreffen sind. Nahe Verwandte, *Radianthus koseirensis, Radianthus gelam* und *Physobrachia douglasi,* die auch häufig vorkommen, werden gleichfalls gerne angenommen. Kleinere Arten von Anemonenfischen trifft man oft mit *Radianthus ritteri* an, größere ziehen dagegen die Großen Riffanemonen *Stoichactis giganteum* vor, nehmen aber auch andere Symbioseanemonen an.

Anemonenfische der Clarkii-Gruppe akzeptieren meines Wissens auch die bunten, stark nesselnden „Bludruanemonen"; diese Bezeichnung ist übrigens ein Vulgärname aus dem ostasiatischen kolonialen Pidgin-Englisch, abgeleitet von „blue drum". Diese besonders schönen Anemonen sind meistens leuchtend grün, manchmal aber auch blau, lila oder purpurrot gefärbt; oft kommt Weiß als zweite Farbe hinzu. Sie gehören mit etwa acht Arten zu den Symbioseanemonen der Familie der Stichodactyliden.

Bei meinen Schnorchelexkursionen und Tauchgängen zog es mich immer wieder zu den Anemonen mit den darin lebenden Fischen. *Amphiprion* leben meist paarweise, ein großes starkes Weibchen und ein etwas kleineres Männchen, mit etwa drei bis sieben Jungtieren in verschiedenen Größen in einer großen Seeanemone. Das große Weibchen nimmt etwa Dreiviertel des Platzes in der Anemone ein; die anderen kleinen Tiere teilen sich den Rest und haben eine genau festgelegte Hackordnung. Die Natur hat es so eingerichtet, daß Anemonenfische ihr Geschlecht wechseln können. Stirbt zum Beispiel das große Weibchen, verändert sich das Geschlecht seines Männchens, es wird zum Weibchen. Binnen kurzer Zeit sucht sich das zum Weibchen gewordene Männchen einen andersgeschlechtlichen Partner aus der Jungfischkommune, die sozusagen als „Reserve" in der Anemone und dem Revier der Alten aus diesem Grunde geduldet wird. Selten schwimmen die Fische mehr als einen Meter von ihren Anemonen weg; wenn, dann nur, um zu fressen oder um irgendeinen *Chaetodon,* der Freßgelüste auf Anemonententakel zeigt, mit Klick- und Knackgeräuschen und heftigen Attacken zu verjagen.

Oft findet man auch noch kleine Garnelen *Periclimenes* und kleine Korallenkrebschen *Neopeterolisthes* in den Anemonen. Da diese Krebschen etwas andere Lebensgewohnheiten haben und sich anders ernähren, sind sie keine Nahrungskonkurrenten und werden von den Anemonenfischen akzeptiert. Das Schutz- und Trutzbündnis der charakteristischen Individualisten mit ihren Anemonen weckt in so mancher Aquarianergattin Emotionen (warum auch nicht). Das „Kuscheln" der Fische zwischen den Anemonententakeln und der fast zärtlich zu nennende Umgang mancher Fischchen mit ihren „Vermietern" hat bei uns in der Familie den Titel geprägt: die „Süßen" im „Salzwasser".

Schnorcheln, Tauchen und Meerwasseraquaristik sind Liebhabereien, die man nicht unbedingt abhängig voneinander zu betreiben braucht. Sie ergänzen sich jedoch hervorragend, und die Definition „Schnorchelnder Meeresaquarianer" oder „Meeresaquaristischer Taucher" trifft auf so manchen zu, der diese Liebhabereien betreibt. Die Beobachtungen vor Ort ermöglichen es uns, Parallelen zu ziehen und unter anderem Fingerspitzengefühl für Tiere zu entwickeln, die es im Meer nie nötig gehabt haben, Abwehrkräfte gegen Krankheiten zu entwickeln, wie sie im Aquarium auftreten. Krankes und Schwaches erlebt im Riff selten den nächsten Tag, im Aquarium kann es dahinvegetieren, manchmal wochenlang. Da wir bei Korallenfischen fast ausschließlich auf Wildfänge angewiesen sind, die mit erheblichem Kostenaufwand gefangen, gehältert und transportiert werden müssen, sollten wir uns zum Ziel setzen, zu Hause im Aquarium marines Leben zu vermehren.

Die Zeiten der kunterbunten Fischbesetzung in Meerwasseraquarien sind vorbei. Heute geht der Trend ähnlich wie in der Süßwasseraquaristik dahin, möglichst biotopgerechte Artenaquarien zu schaffen. Ein Meerwasserartenaquarium mit Clownfischen und Anemonen

Die Anemonenfische der Clarkii-Gruppe (hier *Amphiprion clarkii*, synonym auch *A. xanthurus*) leben unter anderem auch in Symbiose mit den stark nesselnden kurztentakeligen, oft vielfarbigen Teppichanemonen. Ein Meerwasser-Riffaquarium mit Wirbellosen und Anemonenfischen gehört meiner Meinung nach zu den interessantesten Aquarien überhaupt.

kann uns Einblick gewähren in das ständig neu entstehende Leben in den Korallenriffen. Aquarianer, die schon erfolgreich Süßwasserfische gezüchtet und den Einstieg in die Meeresaquaristik gewagt haben, verspüren ganz sicher irgendwann den Wunsch, auch Korallenfische im Aquarium zu vermehren. Aussichten auf Erfolg haben Nachzuchtversuche mit benthischen Laichern, das heißt mit Fischen, die am Substrat ablaichen und dann meist auch Brutpflege betreiben. Erste Versuche mit pelagischen Laichern, mit Fischen also, die Eier und Sperma ins freie Wasser abgeben, hat es auch schon gegeben, bisher aber in der Bundesrepublik ohne Erfolg. Mehrmals geglückt ist die Nachzucht von Anemonenfischen im Aquarium bereits mehreren Institutionen, öffentlichen Aquarien in aller Welt und einigen wenigen engagierten Meeresaquarianern. Es sei darauf hingewiesen, daß in unseren sehr schönen Aquarienzeitschriften in vergangener Zeit verschiedentlich darüber berichtet wurde.

Anemonenfische im Aquarium nachzuziehen glückt vor allem deshalb, weil sie – nach Um- und Eingewöhnung wohlgemerkt – ein entsprechend großes Aquarium mit riffähnlicher Einrichtung als Ersatzlebensraum akzeptieren. Auch im Meer beanspruchen sie keinen allzu großen Lebensraum und bleiben eng an den Standplatz ihrer Wirtstiere gebunden. Die Anemonenfische sind Allesfresser und fühlen sich bei entsprechender Pflege bald wohl. Ganz anders ist die Haltungsmöglichkeit ihrer Wirte. In der Regenerationsfähigkeit des natürlichen Meerwassers, in der Lichtfülle und dem manchmal unwahrscheinlich hohen Planktonangebot der Riffe liegt die Erklärung dafür, daß die Lebenserwartung der Anemonen in ihrem Biotop ungleich höher ist als im Aquarium. Einigermaßen gut lassen sich aber manche Anemonen halten, wenn man sich auf eine Art beschränkt, sie nicht mit anderen stark nesselnden Anemomen vergesellschaftet und es uns gelingt, sie mit Ersatzfutter zu ernähren (Stückchen aus Fischfleisch,

Muschelfleisch, Spezialfleisch, Krill, Mysis, Artemia und viele andere). Als günstig erwiesen sich Bludruanemonen und große Riffanemonen: *Radianthus malu*. Erstere werden fast nur von Fischen der Clarkii-Gruppe besetzt, während die letztgenannte Art von fast allen Anemonenfischen aufgesucht wird. Man sollte beim Einrichten eines Anemonenfischbeckens auf jeden Fall versuchen, ein spezielles Biotopbecken zu schaffen, und besser wenige kleine Anemonenfische (etwa drei bis fünf) mit mehreren großen Anemonen vergesellschaften als umgekehrt. Wenn man Gelegenheit hat, gleich ein ausgewachsenes Pärchen zu bekommen, sollte man diesem ebenfalls mehrere, wenn möglich große Anemonen beifügen.

Erfahrungsgemäß beginnen Anemonenfische nach ungefähr einem halben Jahr Pflegezeit mit der Paarbildung und zeigen Laichwilligkeit. Sie suchen geeignetes Substrat, das man ihnen am besten schon gleich in die Nähe ihrer Anemone stellt (Steinplatten zum Beispiel), und fangen an, dieses zu putzen, demonstrieren also Großreinemachen im Umkreis ihres Wohnsitzes. Das meist kleinere Männchen beginnt mit dem Putzen und fordert mit Kopfschütteln und leichten Stößen in die Genitalgegend das Weibchen dazu auf, sich am Putzen zu beteiligen. Dabei werden geckernde und klickende Geräusche abgegeben und Reviereindringlinge, meist Schmetterlingsfische, mit heftigen Attacken verjagt. Ist das Substrat picobello sauber und das Weibchen entsprechend stimuliert, so hat sich bei diesem eine trichterförmige Legeröhre gebildet, und es schwimmt mit dieser den Laichplatz nur abtastend, mehrere Male rutschend, gleitend, nur mit Wellenbewegungen der Rücken- und Afterflossen, über die entsprechend ausgewählte Stelle. Plötzlich beginnt es, eine Kette von fünf bis sieben, manchmal auch neun und mehr Eiern abzusetzen. Es schwimmt beiseite und überläßt für einige Sekunden dem Männchen die Eier zum Besamen. Ungefähr eine Stunde dauert es, bis das Gelege vollständig abgesetzt ist, mit einem klebrigen Faden hängen die Eier am Untergrund fest. Manchmal schwimmen beide Tiere gleichzeitig über das Substrat, dabei laichend, wie wir es von substratbrütenden Cichliden des Süßwassers kennen. Zwischendurch werden andere neugierige Beckeninsassen vom Laichplatz vertrieben, manche aber, kleine Kaiserfische etwa, werden kaum belästigt.

Die Eier des frisch abgelegten Laiches sind weißlich, gelblich, rosa oder purpurrot, braun und manchmal lila, oft auch in der Farbe, die Grundfärbung der Elterntiere ist. Die Hauptarbeit bei der Pflege des Geleges wird nun vom Männchen übernommen, während die weitere Umgebung des Laichplatzes von Reviereindringlingen durch das meist kräftigere Weibchen freigehalten wird. Ständig werden die Eier befächelt, es wird gerüttelt, damit ja keine Wasserstagnation um das Gelege entsteht und genügend Sauerstoff herankommt.

Ab dem dritten Tag werden die Augen sichtbar, und das Gelege nimmt immer mehr silbrige Färbung an. Je nach Art und Größe der Elterntiere und abhängig von der Wassertemperatur, schlüpfen die Jungfische in der siebten, meist aber erst in der achten, neunten oder zehnten Nacht nach der Eiablage. Den voraussichtlichen Schlupf erkennt man an dem sehr aktiven Gebaren der Elterntiere. Am letzten Tag wird von beiden intensiver gewedelt, und sie werden ständig nervöser. Mit Drohgebärden schwimmen sie an die Frontscheibe, und langt man mit der Hand ins Aquarium, so beißen sie tatsächlich kräftig hinein.

Wenn man sein Anemonenfischpärchen bisher genau beobachtet hat, weiß man, wann die Jungtiere schlüpfen. Gelegentlich erfolgt der Schlupf der Jungtiere über zwei oder drei Nächte hinweg, manchmal ist aber auch am nächsten Morgen alles schon geschlüpft. Zu Anfang wartete ich ungefähr zwei Stunden, nachdem das Licht erloschen war, bis die Jungtiere schlüpften, und schöpfte sie bei abgeschalteter Strömungspumpe mit einem Becher ab. Dieses Abschöpfen ist für die Tiere sehr risikoreich. Außerdem braucht man dafür Licht, und meist wird, wenn noch nicht alle Larven geschlüpft sind, der Schlupf der noch in den Eihüllen verbliebenen restlichen Larven unterbrochen. Ich ging dazu über, das Substrat mit dem Laich am Abend des voraussichtlichen Schlüpfens in ein separates, vorbereitetes und für die Aufzucht geeignetes Becken zu überführen, welches das gleiche Wasser enthielt, wie das Becken, in dem sich die Elterntiere und das Substrat mit dem Laich befanden. Schlüpften in der ersten Nacht nur wenige Fischchen, so verpilzten am nächsten Tag einige Eier des Geleges, da sie von der fürsorglichen Pflege der Elterntiere abgeschnitten waren. In jedem Fall hatte ich mit dieser Methode wesentlich mehr Larven in dem vorbereiteten Becken, als wenn ich mühsam einige wenige Fischchen aus dem Becken der Elterntiere abschöpfte.

Um eine größere Menge Jungfische groß zu bekommen, ist es sehr wichtig, zu Anfang viele geschlüpfte Larven in guter Kondition zu haben, denn die nächsten Tage erfolgt eine gewaltige Auslese. Einige Fischchen sind meist schon am nächsten Morgen nach dem Schlupf tot, viele so schwach, daß sie den ersten Tag nicht überleben. Um aber zu überleben, muß das Wasser, in dem sich die geschlüpften Jungfische befinden, blühen und leben. Je mehr Plankton in diesem Wasser ist, bei meist gerade noch ausreichender Wasserqualität (ein Tanz auf dem Hochseil ohne Netz und doppelten Boden), desto aussichtsreicher ist, daß sich die kleinen Fischchen für die ersten Stunden ihres Lebens zufällig, dann aber immer gezielter ernähren können. Um aber dies zu gewährleisten, sollte man einige Vorarbeit leisten, das heißt, daß man sich vorher mit der Zucht von Plankton beschäftigt. Aus Ansätzen von Planktonkulturen verschiedener Unternehmen der Aquaristik lassen sich diese Lebewesen unter entsprechenden Voraussetzungen vermehren.

Da die Kultur und Zucht von Plankton eine sehr komplexe Angelegenheit ist, die großes Interesse und intensive Beschäftigung voraussetzt, sei darauf hingewiesen, daß man sich aus Quellen wie Fachliteratur, Fachzeitschriften, Beobachtungen vor Ort informieren kann. Der bessere Weg ist und wird es immer sein, seine Jungfische mit lebendem Plankton zu füttern; daß es aber auch mit Trockenfutter als Planktonersatz geht, habe ich ebenfalls aus mehrfacher Praxis entnehmen können. Hervorheben möchte ich hierbei die gute Zusammenarbeit mit Futterherstellern der Branche, die mir mit viel Verständnis für meine Probleme unter die Arme griffen, mit aktiver Hilfe in Form von Zusendungen verschiedener Trockenpräparate Beistand leisteten. Ein großes Problem ist es, möglichst viele Fischchen über die erste Woche zu bringen, sie überhaupt am Leben zu erhalten. Nicht jeder interessierte Aquarianer hat die Möglichkeit und auch den notwendigen Platz, ausreichend Plankton für die ersten drei Tage zu kultivieren und somit zur Verfügung zu haben. Hat man aber genügend Plankton, dieses am besten schon in den Aufzuchtbecken kultiviert, und ist man außerdem noch in der Lage zusätzlich aus anderen Becken zuzufüttern, so sieht man seine Jungfische ständig wachsen. Abgestorbene Tiere sollte man absaugen und das dadurch entnommene Wasser durch Altwasser ergänzen. Langsamer Anstieg und Abfall des Nitritgehaltes im synthetischen Meerwasser wird bis zu einem gewissen Grade von Larven verhältnismäßig gut vertragen. Geschieht der Anstieg und Abfall aber zu schnell, so muß man damit rechnen, daß die Jungfische binnen ein bis zwei Stunden sterben. Dann gibt es nur noch die Möglichkeit zu hoffen, daß das Elternpaar produktiv ist und bald wieder ablaicht, man somit ein neues Gelege für einen weiteren Versuch zur Verfügung hat.

Sind die Jungfische in der Lage, ab dem dritten, vierten oder fünften Tag ganz frisch geschlüpfte Artemianauplien (bei denen ist der Chitinpanzer noch verhältnismäßig weich und somit besser verdaubar) zu fressen, so erhöht sich die Chance, sie weiter am Leben zu erhalten. Wenn die Jungfische gut fressen (dies ist meist der Fall, wenn sie gesund sind), wachsen sie verhältnismäßig schnell in den ersten vier, fünf Wochen.

Für einen Aquarianer ist es ein wunderschöner Anblick, wenn seine kleinen Anemonenfischchen ihre schwärzliche Pigmentierung verlieren und beginnen, ihre arteigene Färbung zu zeigen, dabei auch anfangen, in der für Anemonenfische typischen Art und Weise zu schwimmen. Sehr früh färben sich kleine *Amphiprion ocellaris* und *Amphiprion percula* um. Manche Arten, *Amphiprion allardi*, *Amphiprion clarkii*, *Amphiprion frenatus* und *Amphiprion melanopus* zum Beispiel, tragen ein anderes Jugend- als Erwachsenenkleid und beginnen nach einem halben Jahr mit einer erneuten Umfärbung, die sich dann über Wochen hinzieht. Früher oder später kommt eine Zeit der Wachstumsstagnation. Manche Fische werden geschlechtsreif, und die größten unter ihnen entwickeln sich zu Weibchen. Ich habe beobachtet, daß immer dann ein stufenartiges Weiterwachsen erfolgte, wenn ich die größten Tiere herausfing, etwa fünf bis sieben Fische, und sie separat setzte. Voraussetzung dafür ist, daß man genügend Aquarien mit ausreichend Platz darin hat. Jedes Umsetzen bedingt eine Milieuveränderung, und diese kann für die jungen Anemonenfische sehr gefährlich sein. Sie bekommen leicht einen Schock und gewöhnen sich zuerst schwer an andere Verhältnisse, selbst wenn diese besser sind. So manche erneute Ein- oder Umgewöhnung endet für einen Korallenfisch tödlich.

Eine gewisse Auslese erfolgt auch bei Aquariennachzuchten, verglichen aber mit Jungtieren im Korallenriff, sind die Aussichten, von einem Gelege mehr Fische großzuziehen, besser. Der allgegenwärtige Existenzkampf im Riff und die Freßgier mancher Riffbewohner läßt den Schluß zu, daß dort im Gegensatz zum Aquarium nur ganz wenige, dabei nur die gesündesten und kräftigsten Tiere erwachsen werden.

Anemonenfische im Aquarium nachzuziehen ist also, wie es sich mehrfach gezeigt hat, durchaus möglich, und ich wünsche engagierten Aquarianern bei der Beschäftigung mit dieser Problematik jeden erdenklichen Erfolg. Viele werden versuchen müssen, mit ihren eigenen Möglichkeiten zurechtzukommen. Die Abhandlungen und Berichte über die Vermehrung marinen Lebens im Aquarium dürfen weder als Bedienungsanleitung noch

Fürsorglich pflegt das Männchen von *Amphiprion ocellaris* die abgesetzten Eier mit den bereits entwickelten Larven. Bald schlüpfen die Jungfische, und der engagierte Meerwasseraquarianer bemüht sich um die Nach- und Aufzucht der Anemonenfischchen, die bei einigen Arten schon mehrmals erfolgreich geglückt ist.

als Rezeptur nach dem Motto „man nehme" aufgefaßt werden. Es gehört eine gewisse Erfahrung und auch Fingerspitzengefühl, viel Zeitaufwand und Interesse dazu, um Meerwasserfische fern ihres Biotops zu vermehren. Wenn man bereit dazu ist, manche Nacht und nicht wenige Wochenenden zu opfern, viel Liebe und ein Herz für die Tiere in sich hat, dann kann man zu gegebener Zeit voller Stolz das Erfolgserlebnis haben, selbst nachgezogene Anemonenfische bei sich zu Hause im Aquarium zu präsentieren. Hat man mit der Nachzucht von Anemonenfischen einige Erfahrung und auch Erfolg gehabt, so stellt man sich unwillkürlich die berechtigte Frage, ob dies nicht auch mit anderen Fischfamilien möglich ist.

Man sollte dabei aber auf jeden Fall mit den Füßen auf dem Teppich bleiben und versuchen, zuerst einmal „kleine Brötchen zu backen". Abgelaicht haben schon viele verschiedene Korallenfische bei Liebhabern in deren Meerwasseraquarien. Es erscheint mir durchaus möglich, verschiedene Grundeln, die auch substratlaichend sind, ebenfalls nach- bzw. großzuziehen. Es gibt viele schöne Grundelarten, und ich bin sicher, in der nächsten Zeit davon zu hören oder darüber zu lesen, daß auch hier Erfolge stattgefunden haben.

Verwunderlich ist, warum in tropischen Ländern mit Fischfarmen, in denen Millionen Süßwasserfische gezüchtet und exportiert werden, keine allzu großen Anstrengungen unternommen werden, um mit der Zucht von tropischen Meerwasserfischen den Bedarf des Fachhandels zu decken.

Sicherlich sind die Möglichkeiten an Ort und Stelle besser: ich denke da an die erheblichen Mehrkosten bei uns durch die aufzuwendende Energie für Wärme und Beleuchtung. Warum sollte es mit natürlichem Meerwasser und Plankton aus dem Ozean nicht gelingen, zielstrebig und planmäßig Korallenfische zu züchten? Ein Grund für diese Unterlassung scheint mir akzeptabel: Viele Korallenfische werden von Berufsfischern nebenher als Zuverdienst mit oft fragwürdigen Methoden gefangen. Die Existenz der Fischer, mit meist großer Familie, wird dadurch teils abgesichert, teils verbessert. Andererseits stellt sich die Frage, ob dies der richtige Weg für die Zukunft ist, denn auch vor Korallenriffen macht die Umweltbelastung nicht halt.

Partnerschaften mit einseitigem Nutzen

Symbiosen, Schutz- und Trutzbündnisse zum Vorteil und Nutzen aller Beteiligten, sind unter anderen Themen der vorherigen Abschnitte gewesen. Bei der Beschäftigung mit der großartigen Liebhaberei Meerwasseraquaristik, beim „Tümpeln", Schnorcheln und Tauchen, sehen wir aber auch Partnerschaften, bei denen offensichtlich nur eine Art der beteiligten Partner Nutzen genießt, ohne den anderen zu schädigen. Oftmals sind es mehrere kleine Individuen einer Art mit einem größeren Individuum anderer Art, die sich zusammenschließen. Die einen suchen Schutz oder auch nur Rückendeckung, die der andere Partner gewährt. Als Beobachter erscheint uns das Verhalten des Mächtigeren manchmal recht großzügig.

Noch lange sind nicht alle Partnerschaften an Land, geschweige denn im Meer, erforscht. Künftig gibt es noch allerhand Neues zu entdecken. Für einen beginnenden Meerwasseraquarianer, dem die Erfahrung fehlt und der noch nicht genügend Kenntnisse besitzt, ist es nicht ganz einfach, solche Gemeinschaften in Begriffe wie Kommensalismus, Schmarotzertum, Karposen und andere umzusetzen. Zum Beispiel bilden die Begleitfische der Haie oder Mantas zusammen mit diesen eine harmlose Freßgemeinschaft (Kommensalismus). Ernährt sich ein Partner von dem Organismus eines meist größeren andersartigen Partners, schädigt er ihn zwar, aber nicht so sehr, daß er stirbt. Für den Schmarotzer ist es von großem Nutzen, wenn der andere noch lange Zeit am Leben bleibt (Parasitismus). Es gibt dermaßen viele Ekto- und Endoparasiten, daß man mit Beschreibungen dazu eine umfangreiche Bibliothek füllen könnte. In verschiedene Richtungen weisende einseitige Partnerschaften, die manchmal „fließend" übergehen in eine Symbiose oder zum Parasitismus, nennen wir Karposen. Zum Thema passend empfehle ich hier das 1984 erschienene Buch „Partnerschaft im Meer" von ROBERT PATZNER und HELMUT DEBELIUS. Über einige Partnerschaften, die mir bei Begegnungen im Korallenriff einen „einseitigen" Eindruck hinterließen, möchte ich nachfolgend berichten.

Als Meerwasseraquarianer zieht es mich im Urlaub immer wieder an Plätze, an denen vielfältige Blumentiere Sekundärbesiedler der Korallenriffe sind. So nützte ich auch oft die Ebbezeit während eines Ostafrikaurlaubs aus, um genüßlich zu beobachten, was sich in den Tümpeln so alles abspielt.

Mit festem Schuhwerk ausgestattet (hohe Turnschuhe zum Beispiel oder Neoprenfüßlinge mit aufgearbeiteten dicken Sohlen sind sehr gut geeignet), waten meine Frau und ich bei beginnender Ebbe vom Sandstrand aus

---

Rechte Seite: Diese Unterwasser-Aufnahme entstand im Roten Meer während eines Tauchurlaubs. Sie zeigt ein Pärchen des dort endemischen Zweibinden-Anemonenfisches *Amphiprion bicinctus* und ihre Symbioseanemone *Radianthus ritteri*. Einige Jungtiere werden ebenfalls geduldet, und sie dienen als „Reserveheer". Stirbt eines der Elterntiere, zum Beispiel das Weibchen, wandelt sich das Geschlecht des Männchens binnen kurzer Zeit um. Eines der Jungtiere erlangt dann ebenso schnell die männliche Geschlechtsreife, und ein neues Paar dominiert in der Anemone.

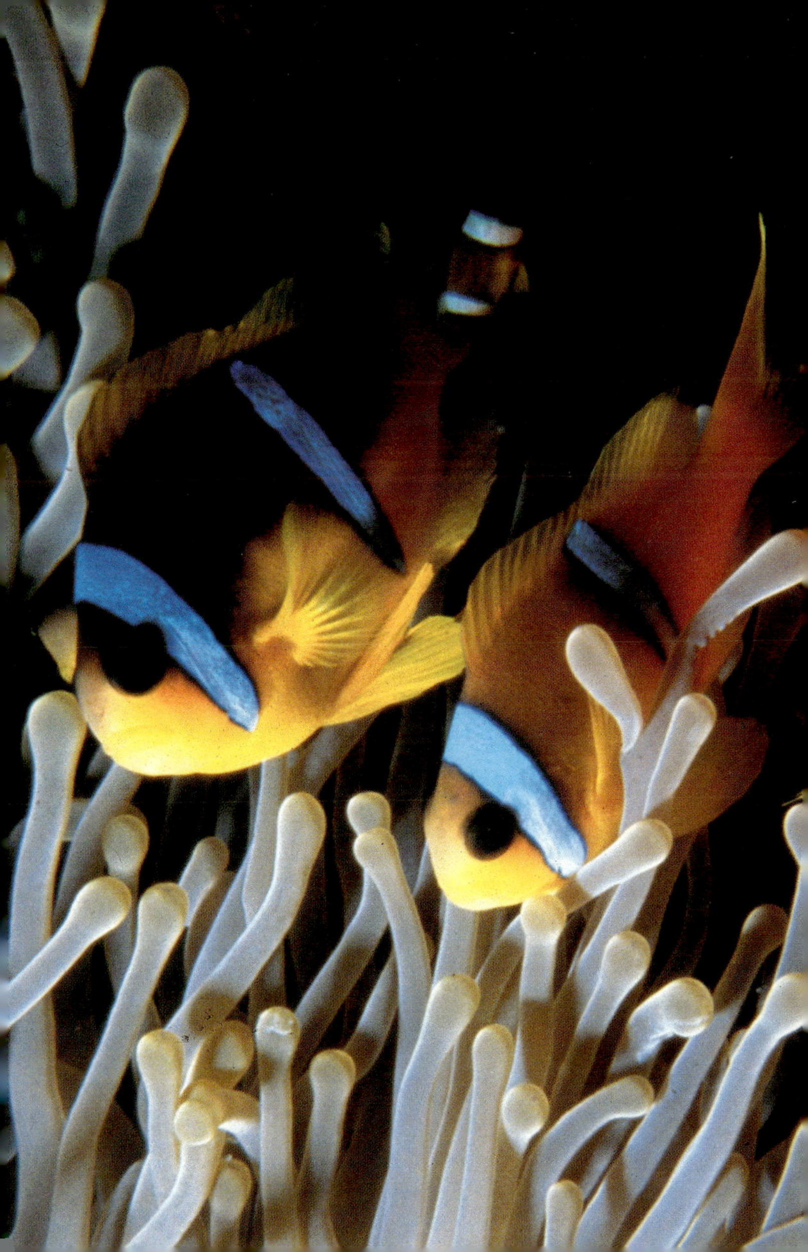

zum ca. 600 Meter vorgelagerten Riff. Meist war das Wasser noch knietief, aber stellenweise gab es „Löcher", durch die man schwimmen mußte. Hier gurgelte das Wasser recht stark, und ein kräftiger kontinuierlicher Sog meerwärts erschwerte unseren „Spaziergang". Ständig waren wir darauf bedacht, uns nicht an den scharfkantigen Korallenfelsen zu stoßen – was nicht ganz einfach war, denn in solchen Situationen muß man auch auf seine Spiegelreflexkamera aufpassen. Dringt hier nur irgendwo ein Tropfen Meerwasser ein, so ist das teure Gerät bald unbrauchbar.

Auf einer Sandbank, die schon recht trocken gelaufen war, sahen wir zwischen Seegras eine grau-grün-weiße, kurztentakelige geöffnete Bludruanemone. Der Außenrand der Seeanemone war hochgestülpt und ragte noch aus dem Wasser. Die verbliebene „Wasserpfütze" innerhalb der Teppichanemone mit einer Oberfläche von ca. 450 Quadratzentimetern und einem von mir geschätzten Volumen von ca. 3 Litern, war bevölkert mit elf jungen Riffbarschen der Gattung *Dascyllus trimaculatus*. Um die Mittagszeit scheint die senkrecht stehende Sonne unbarmherzig auf das Riff, mit dem Ergebnis, daß das Wasser in den Pfützen bis zu 35 Grad Celsius und mehr erreicht. Dennoch überleben viele Tiere diese Extremtemperaturen, wovon wir uns selbst überzeugen konnten. Tags darauf sahen wir nämlich bei der umgekehrten Situation – das Wasser begann durch die beginnende Flut zu steigen, und wir mußten zusehen, daß wir den Strand erreichten – wieder die Gruppe Riffbarsche in der Teppichanemone. Es waren zwar nur noch neun Fischchen, aber wer kann schon mit Sicherheit sagen, was mit den fehlenden zwei Tieren inzwischen geschehen ist. Die jungen Riffbarsche, die man auch noch als Alttiere bei den Seeanemonen findet, obwohl sie keine typischen Anemonenfische sind, haben hier erkannt, daß für sie eine Überlebensmöglichkeit während der Ebbe besteht. Sie überstehen mindestens 2 bis 3 Stunden während des Niedrigwassers im warmen sauerstoffarmen Wasser, das die stark nesselnde Anemone für sie speichert. Welche Signale die jungen Barsche aussenden, so daß die Anemone dies tut, ist bislang meines Wissens nicht bekannt. Daß aber eine Kommunikation in irgend einer Form zwischen solch unterschiedlichen Tieren erfolgt, dies konnte ich mit einer Fotografie dokumentieren, die im April 1985 während der oben geschilderten Exkursion entstand.

Im gleichen Biotop sahen wir recht häufig weitere „Untermieter" als Kommensalen – allerdings waren hier die Bludruanemonen immer untergetaucht: Kleine Garnelen, *Periclimenes brevicarpalis* und *Thor amboinensis,* und Porzellankrebschen *Neopetrolisthes oshimai* saßen einzeln oder paarweise, und vor allem *Thor amboinensis* auch zu mehreren, völlig ungeniert auf ihrem stark nesselnden Teppich. Oft sind sie farblich angepaßt, und mit entsprechender Körperzeichnung oder durch artistische Verrenkung lösen sie auch noch raffiniert ihre Kontur auf. Mit der Zeit jedoch kennt der erfahrene Meerwasseraquarianer solche Mimikry, und seinem mittlerweile geschulten Blick offenbaren sich immer häufiger die kleinen Wunder im großen Meer.

Bei den meisten meiner Beobachtungen in Gezeitentümpeln dienten die Teppichanemonen als Wirt. Man sollte es jedoch nicht versäumen, beim Tümpeln, Schnorcheln und Tauchen auch die Seeanemonen abzusuchen, die längere Tentakel besitzen. Auch in *Radianthus*-Arten, in *Physobrachia douglasi,* in *Stoichactis*

Periclimenes brevicarpalis, eine kleine Partnergarnele, ist Tischgenosse der stark nesselnden Teppichanemone. Mit ihren weißen Punkten, die aussehen wie die kurzen Tentakel ihres Wirtes, löst sie raffiniert ihre Körperkontur auf.

giganteum und vielen anderen sind kleine interessante Untermieter zu finden.
Von anderen „Kommensalen", der juvenilen Schläfergrundel *Valenciennea puellaris,* berichtete ich bereits in dem Kapitel über Hornkorallen, und von der Mittelmeerpartnergarnele *Periclimenes amethysteus* in dem Kapitel über Glasrosen. Andere Partnerschaften, wie

die der Begleiter von Quallen oder die der Garnele *Periclimenes imperator* mit Stachelhäutern und meist großen Nacktschnecken, konnte ich persönlich bisher noch nicht beobachten.

Salonfähige Kleinode

Profile und Porträts von Idealpartnern für sessile Wirbellose

Garnelen, Langschwanzkrebse – Natantia

Nicht nur die herrlichen Korallenfische und die Wunderwelt der Wirbellosen heben ein Meerwasseraquarium zu etwas ganz Besonderem hervor, sondern auch viele verhaltensinteressante Garnelen. Sowohl im Korallenriff als auch im Meerwasseraquarium bestechen die Langschwanzkrebse durch Farbenfreudigkeit, Lebhaftigkeit und individuelles Verhalten. Die meisten Garnelenarten, abgesehen von einigen wenigen ausgesprochenen Nahrungsspezialisten, lassen sich im Aquarium auch gut mit Trockenfutter ernähren und nehmen jegliches gereichte Futter. Verschiedene Garnelen aus den Tropen werden im einschlägigen Handel regelmäßig angeboten, und wer schnorchelt oder taucht, dabei etwas genauer in Höhlen, Spalten oder Nischen schaut, kann sie vor Ort aufspüren und beobachten. Aber nicht nur in tropischen Riffen, auch an Felsküsten, Geröllhalden und in Seegraswiesen des Mittelmeeres gibt es mehrere Arten, die man mit etwas Geschick selber fangen, am Urlaubsort für kurze Zeit provisorisch halten und dann für sein Meerwasseraquarium nach Hause transportieren kann. Hat man schon sehr viel Freude an importierten und dann gekauften Tieren, so ist sie noch wesentlich größer, wenn man seine Tiere auch noch selber gefangen hat. Erinnerungen an einen aktiven Urlaub, an Erlebnisse vor Ort sind für lange Zeit zu Hause, beim Beobachten der eigenhändig gefangenen Tiere gegenwärtig.

In einem eingelaufenen Meerwasseraquarium zeigen die meisten Garnelen nach der Um- und Eingewöhnungszeit bei entsprechender Vergesellschaftung wieder ihr arteigenes Verhalten. So lassen sich die Symbiosen der Putzergarnelen und die Karposen verschiedener Anemonengarnelen zu Hause mit wesentlich mehr Muße hervorragend beobachten. Es könnte der Hochzeitstanz eines Pärchens Scherengarnelen *Stenopus* sein oder der Anblick der mit ihren langen Antennen Putzbereitschaft signalisierenden Putzergarnelen *Lysmata*. Die Freßgemeinschaft mit und die Schutzsuche der Partnergarnelen *Periclimenes* in den Anemonen können (man verzeihe mir den hier angebrachten Ausdruck der Superlative) einen aufs äußerste begeistern, ja, faszinieren. Viele Arten sind es und unzählbar die Individuen, denen man begegnet, leider kann man nur einige wenige Spezies in einem solchen Abschnitt vorstellen. Unwesentlich scheint mir der Fang der Tiere fürs Aquarium und die damit verbundene Entnahme aus dem Biotop zu sein. Die dadurch entstehende Populationsminderung im Riff wird durch Vermehrung von Milliarden planktontischer Jungtiere wieder ausgeglichen. Jedoch, und dies ist ein fast überall gegenwärtiges Problem unserer Zeit, schädigen die fortschreitende Industrialisierung und die damit verbundene Gewässerverschmutzung den Lebensraum dieser wunderschönen Lebewesen.

In vorherigen Abschnitten, so in „Putzstationen im Korallenriff" und in „Partnerschaften mit einseitigem Nutzen", erzählte ich bereits von verschiedenen Langschwanzkrebsen. Bei meinem Werdegang zum Meeresaquarianer machte ich, wie viele andere, auch negative Erfahrungen. Über solche möchte ich hier berichten, sie wurden schon veröffentlicht in der Zeitschrift „Das Aquarium", Nr. 155 vom Mai 1982 unter dem Titel „Mord an der Weißband-Putzergarnele" (I) und in der TI Nr. 83 vom Oktober 1987 unter dem Titel „Was habe ich denn nur falsch gemacht? Mißerfolge mit Garnelennachzuchten" (II). Ich denke, daß es auch nützlich ist, negative Erfahrungen zu veröffentlichen, um andere Aquarianer und ihre Pfleglinge vor gleichen Schäden zu bewahren. Warum sollte jeder seine eigenen Erfahrungen auf Kosten der Tiere sammeln?

(I) Welcher Meerwasseraquarianer kennt sie nicht, die längsgestreifte Putzergarnele, von den Amerikanern auch Scarlet Lady genannt oder, vulgärer, Skunk shrimp? Die hübsche *Lysmata*-Art ist eine Zierde im Meerwasseraquarium und läßt sich zudem jahrelang halten; sie eignet sich sogar für die Nachzucht. Die Garnelen sind Hermaphroditen; sie können in ihrer Jugend Sperma speichern und sich, wenn sie erwachsen sind, selbst befruchten. Die Geburt von Jungtieren vollzieht sich zumeist nachts und während der Häutung des Elterntieres.

Ich konnte die Beobachtung machen, daß Jungtiere, die unabhängig von der Häutung des Elterntieres geboren werden, oft größer und lebensfähiger sind als die, welche notgedrungen während der Häutung das Licht der Welt bzw. das Dunkel des Meeres erblicken. Ein bis vier Tage nach der Geburt bezeichnet man das Stadium der Jungtiere als Zoealarvenstadium, und in diesem Zustand ist unsere Scarlet Lady hervorragendes Zooplankton und somit wieder Glied in der Nahrungskette. Die vielen Haare, Wimpern und feinfiedrigen Glieder dienen als Futtersieb, um kleineres Geschwebe auszusieben, von dem sich die Zoealarve ernährt. Sie halten die Larve außerdem im Schwebezustand, so daß sie die Chance hat, in futterreiche Regionen zu driften oder (was natürlich auch der Fall sein kann) freischwimmenden anderen Krebs- oder Fischlarven selber als willkommene Nahrung zu dienen.

Erste Erfahrungen mit dieser wunderschönen Garnele machte ich gegen Ende 1976. Damals hatte ich gerade meinen Neubau so recht und schlecht fertig und trug mich mit der Absicht, mein altes Hobby, die Mittelmeer-Aquaristik, zu erweitern und mich auch mit tropischen Meerestieren zu beschäftigen. Ich fuhr also los und besorgte drei nicht ganz billige Weißbandgarnelen bei einem Importeur im Mainzer Raum, einem „Spezialisten". Zu Hause angekommen, gab ich die Garnelen in ein Plastikbecken. Nach der Tröpfchenmethode gewöhnte ich sie langsam an die neuen Wasserverhältnisse. Nachdem ich die doppelte Menge Wasser im Plastikbecken hatte, bemerkte ich ein eigenartiges Verhalten der Garnelen. Sie verknoteten die Beine, wurden klamm, und zehn Minuten später waren die Tiere tot. Meine Reaktion auf diesen Mißerfolg war eine intensive Wassermessung. Folgende Werte konnte ich ermitteln: Dichte 1,022, Temperatur 25 Grad Celsius, pH-Wert 8,3, Nitrit 0,01 mg/l, Nitrat unter 30 mg/l. Es war also alles in bester Ordnung, und so nahm ich zu Unrecht an, daß es beim Umsetzen zu schnell getröpfelt hatte. Wieder fuhr ich los und kaufte bei dem gleichen Importeur vier andere Weißbandgarnelen. Dieses Mal gewöhnte ich die Tiere über einen Zeitraum von vier Stunden nach der Tröpfchenmethode an neue Wasserverhältnisse. Nach dieser Zeit hatte ich ungefähr die fünffache Menge des Transportwassers. Die Garnelen kamen ins Aquarium, und ich hatte meine Freude an ihrem graziösen und lebhaften Verhalten. Ich nahm mir vor, daß ich mir in Zukunft noch mehr Zeit für die Umgewöhnung lassen würde.

Am nächsten Morgen schaute ich in das Aquarium, um nach den Neuankömmlingen zu sehen – ich dachte, mich trifft der Schlag! Alle vier Garnelen lagen tot im Becken. Da die Angelegenheit mein Taschengeld stark verminderte, unternahm ich erst fünf Wochen später einen erneuten Versuch. Dieses Mal nahm ich gleich zwei Kanister mit, jeweils mit einem Inhalt von 20 l und ließ mir vom Importeur das gleiche Wasser einfüllen, in dem die Garnelen bei ihm schwammen. Meine Absicht war es, die Tiere zuerst in dem mitgelieferten Wasser in einem kleinen Becken über einen längeren Zeitraum zu halten und erst später in mein großes Becken im Wohnzimmer umzusetzen. Die Tiere blieben also in diesem Wasser und siehe da, sie lebten! Leider aber nur zwei und einen halben Tag. Zu diesem Zeitpunkt gab ich es vorerst auf mit den Putzergarnelen, ich konnte sie einfach nicht am Leben erhalten. Warum dies so war, wurde mir dann ein gutes Jahr später klar.

Es vergingen acht Monate, und ich nahm einen neuen Anlauf, begann jetzt allerdings mit Scheren- und Tanzgarnelen. Alles ging gut, also kaufte ich auch wieder einige „Weißbandige", ich wollte sie einfach in meinem Wohnzimmeraquarium haben. Sie lebten und fraßen alles, vor allen Dingen auch Reste, die irgendwo hinter der Steindekoration verschwanden. Wieder vergingen fünf Monate, und in meinem Becken gedieh alles prächtig. Eines morgens schaute ich wieder, wie immer, nach meinen Tieren. Ein *Stenopus* hatte sich allem Anschein nach gehäutet. Als ich aber um 10.00 Uhr das Licht eingeschaltet hatte, sah ich, daß es keine Haut war, sondern ein totes Tier. Alle anderen Garnelen hatten über Nacht ebenfalls das Zeitliche gesegnet . . .; und plötzlich wußte ich warum! In meinem Aquarienkeller hatte ich den Fußboden mit toluolhaltiger Gummifarbe gestrichen. Im ganzen Haus stank es nach dem Lösungsmittel in der Farbe. Der im Raum verteilte Kohlenwasserstoff gelangte über die Luftpumpe in die Aquarien und verursachte darin das Garnelensterben. In Gedanken begab ich mich ein Jahr zurück, und mir fiel ein, daß ich für mein Einfamilienhaus zu diesem Zeitpunkt Nut- und Federbretter im Keller mit Holzschutzmittel imprägnierte. Auch damals stank es gewaltig, und nun war mir das Garnelensterben von damals schlagartig klar. Den dritten Beweis für die Schuld verschiedener Chemikalien erhielt ich, als wir einmal Insektenspray gegen lästige Fliegen benutzten. Auch das führte zu Verlusten bei Langschwanzkrebsen. Mittlerweile importiere ich selbst tropische Meerestiere, habe aber nie wieder solche bösen Erfahrungen gemacht.

(II) An einem Freitag Anfang Dezember 1981 bekam ich von der FAG Frankfurt ein Avis für eine Sri-Lanka-Sendung mit Korallenfischen und Wirbellosen. Am kommenden Freitag würde eine TriStar der Air Lanka 12 Boxen für mich mit an Bord haben. Ich freute mich darüber, wußte ich doch, daß die Saison im Südwesten der Trauminsel begonnen hatte, die Fangsaison vor allem für mehrere Arten Garnelen, die dort verhältnismäßig häufig in den vorgelagerten Riffen vorkommen. Meine Frau holte die Sendung ab, erledigte alle Formalitäten, und dann, als sie zu Hause angekommen war, packten wir gespannt und voller Erwartung aus. Unter anderem waren folgende Garnelenarten dabei: Scherengarnelen *Stenopus hispidus,* Weißbandputzergarnelen *Lysmata amboinensis,* Feuer- oder Kardinalsgarnelen *Lysmata debelius,* zarte, grazile Putzergarnelen *Leandrites cyrtorhynchus* und Tanzgarnelen, auch Höckergarnelen genannt *Rhynchocinetes uritai.* An dieser Stelle muß ich erwähnen, daß alle *Rhynchocinetes*-Arten sich häufig an Korallenpolypen, vor allem an tagaktiven Gonioporakorallenpolypen, vergreifen. Aus diesem Grunde können sie nicht als Idealpartner für Wirbellose empfohlen werden. Sie sollten in einem Bekken unterkommen, das man speziell für ihre Belange einrichtet. Hier sind sie äußerst beobachtenswert.

Etwa Dreiviertel der importierten Garnelen trugen zwischen ihren Hinterbeinen (zu Schwimmbeinen ausgebildet) Eier und, oh Wunder, in einer Tüte mit einer Kardinalsgarnele lag eine Exuvie (Häutungsrest), und es schwammen außerdem an die zweihundert kleine Garnelen darin, gerade zwei Millimeter groß. Man erlebt es ja öfter, daß gerade Garnelen sich bei einer Milieuveränderung (hier war es der Transport im Plastikbeutel) häuten. Mein ceylonesischer Freund ANAANDA PATHIRANA, selbst Taucher, Fänger und Exporteur, erzählte mir, daß er 1965 schon den für ihn ersten „Fireshrimp" aus einer kleinen Höhle in einer Tiefe von 28 m gefangen habe. Ich selbst sah erst elf Jahre später, 1976 also, die erste Kardinalsgarnele in Gefangenschaft, nämlich in dem damals noch existierenden Tropicarium in Buchschlag.

„Eine feurige Schönheit" aus den Tiefen des Indopazifik ist die Kardinalsgarnele *Lysmata debelius*. Einzeln oder als Pärchen gehalten, betätigen sie sich im Meerwasseraquarium als Putzer, und sie sind außerdem auch noch gute Restevertilger.

Voller Begeisterung sammelte ich alles Originalmeerwasser aus den Beuteln, in denen sich Wirbellose befanden, und setzte die unterwegs geborenen Zooealarven in ein kleines Becken, stattete es aus mit Durchlüftung und Heizung und hoffte im Stillen, optimistisch wie ich war, ein halbes Jahr später ein paar selbstgezogene Garnelen zu besitzen. Doch es kam alles anders, als ich

Verhaltensinteressant, unter anderem weil hier die Männer die Kinder kriegen, sind „Röhrenmäuler". Die schöne Blaustreifenseenadel *Doryrhamphus melanopleura* gehört ebenso zu den Idealpartnern für Wirbellose, wie andere Seenadeln und Seepferdchen.

es mir vorgestellt hatte. Schon zwei Tage später waren alle kleinen Garnelen tot.
Entmutigen ließ ich mich dadurch aber keineswegs – nicht zuletzt deshalb, weil sich erste, wenn auch noch kleine Erfolge mit Anemonenfischnachzuchten bei mir einstellten. Um es aber gleich vorwegzunehmen und keine falschen Hoffnungen aufkommen zu lassen, mit

Garnelenaufzuchten im Aquarium hatte ich bisher keinen Erfolg. Dennoch halte ich auch die Mißerfolgspublikation für notwendig, denn sicherlich wird dies interessierte Aquarianer anregen, es selber mit Garnelennachzuchten zu versuchen. Keinesfalls scheint es mir für die Zukunft unmöglich zu sein, solche Tiere im Aquarium zu vermehren. War meine Richtung falsch, könnte doch die von jemand anderem richtig sein.

Regelmäßig etwa alle drei Wochen zeitigten meine „Weißbandigen" etwa ein halbes Jahr lang Junge. Die Natur hat es bei ihnen recht praktisch eingerichtet, denn sie sind hermaphroditisch (= zweigeschlechtlich, zwittrig) und können sich mit in der Jugend gespeichertem Sperma selbst befruchten. Auch von Mittelmeerfelsengarnelen, Scherengarnelen und Tanzgarnelen sah ich oftmals nachts geborene Jungtiere, vielfach zur Welt gekommen bei einer Häutung. Häufig wurden aber auch schon lebende Jungtiere zwischen zwei Häutungen geboren, diese waren fast immer kräftiger. Manchmal wurden auch Eier abgestoßen, und noch beim Absetzen schlüpften dann kleine Garnelen.

Speziell für „Experimente" mit Garnelennachzuchten baute ich mir eine kleine Anlage, bestehend aus drei 30-Liter-Aquarien mit biologischer Filterung und Abschäumung. Alle waren durch ein Überlaufsystem miteinander verbunden. Wenn ich das Gefühl hatte, daß es bald soweit war, fing ich drei oder vier „hochträchtige" Garnelen heraus und setzte sie für die Geburtsstunden in diese Anlage. Daß ich sie mit einem Becher „schöpfte", ohne sie aus dem Wasser zu nehmen, versteht sich von selbst. Alle Zooealarven strebten nach der Geburt der Oberfläche zu, hingen mit dem Hinterkörper nach oben und schienen auch zu fressen. Mit Phytoplankton aus

meinen Kulturen und mit Zooplankton bestehend vorwiegend aus *Euplotes, Noctiluca* und *Brachionius* wurden sie gefüttert. Sie wuchsen zusehends, wenngleich auch viele eingingen, und nach vier Tagen etwa begaben sie sich ins untere Drittel des Aquariums, teils im Wasser schwebend, teils am Boden angelehnt, manchmal im „Zickzackspringen" sich kurzzeitig erhebend.
Nach zwölf Tagen begannen ihnen lange Stielaugen zu wachsen, mittlerweile hatten sie schon das Vierfache ihrer ursprünglichen Größe erreicht. So ging es weiter, 17 Tage wurden sie alt, 21 Tage, 25 Tage, ja einige wenige auch 29 Tage. Und dann starben sie wieder, egal, was ich auch unternahm. Mehr als vierzigmal startete ich Versuche, ich hielt sie zu Anfang dunkel, wechselte das Futter, experimentierte mit Hefefütterung, Algenmehlfütterung, Muschelmilch. Ich hielt sie zusammen mit frisch geschlüpften Anemonenfischen, mit dem Erfolg, daß ich die kleinen *Amphiprion* „groß" brachte, die Garnelen aber starben spätestens nach vier Wochen. Bis zu einem ganz bestimmten Entwicklungsstadium brachte ich sie immer wieder, dann verabschiedeten sie sich, eine Larve nach der anderen. Mittlerweile glaube ich fast, daß sie im wahrsten Sinne des Wortes „unter Druck" gesetzt werden müssen und dann auch anderes Futter geboten werden muß. Wie hoch der Druck dann sein müßte, welches Futter geboten werden muß, weiß ich nicht – noch nicht. Noch resigniere ich nicht, irgendwann wird, ja muß es gelingen, mehrere Arten mariner Lebewesen in Meerwasseraquarien zu vermehren. Bis heute weiß ich nur, und dies ist sicher: irgend etwas habe ich hier falsch gemacht! Wenn ich nur wüßte, was? Vielleicht ist bis zum Erscheinen dieses Buches eine Nachzucht von tropischen Garnelen gelun-

gen, und ein einsatzfreudiger Meerwasseraquarianer hat zwischenzeitlich erkannt, „wo hier der Hase im Pfeffer liegt" – und mehr Erfolg gehabt.

Die Beiträge über Langschwanzkrebse abschließend, möchte ich jeden Meerwasseraquarianer bitten, es auch zu publizieren, sollte er Erfolg mit Garnelennachzuchten haben. Die Redakteure unserer Aquarienzeitschriften haben jederzeit ein offenes Ohr und Interesse an solchen Beiträgen. Man möge mir auch nachsehen, daß hier nur eine bescheidene Auswahl der Natantia behandelt wurde. Wer mehr über Krebse wissen möchte, dem sei das Buch „Gepanzerte Meeresritter" von HELMUT DEBELIUS empfohlen. Er hat versucht, möglichst viele Langschwanzkrebse zu beschreiben, in mühevoller Kleinarbeit erarbeitet, doch zwischenzeitlich wurden wieder neue Arten importiert, und auch in nächster Zeit werden noch andere Arten zu uns gelangen. Weltweit bemühen sich die erfahrenen Fänger auch um Arten, die nicht überall herumkrabbeln und die man erst z. B. bei Nachttauchgängen sieht, wenn sich die ganze tagaktive marine Wunderwelt zur Ruhe begeben hat. Daß man solche Tiere im Aquarium selten zu Gesicht bekommt, sollte man akzeptieren, sie können ihre Lebensweise unmöglich auf Anhieb umstellen. Es gibt keinen Grund dafür, daß man sich nicht hin und wieder, mit einer Taschenlampe ausgestattet, auch nachts vor sein faszinierendes Meerwasseraquarium setzt.

Röhrenmäuler – Syngnathoidei

Die bekanntesten kleinen „Röhrenmäuler" i.w.S. sind die Seepferdchen. Sie werden verhältnismäßig oft importiert und sind in einem Meerwasseraquarium, in dem Ruhe, Frieden und Eintracht herrschen, gut zu pflegen: In ihrem Becken dürfen keine „Hektiker" schwimmen, die ständig und viel fressen, keine stark nesselnden Wirbellosen und auch keine Krebse von der „Panzerknacker-AG" leben. Und man muß zu Anfang lebendes Futter wie Mysis, ausgewachsene Artemien oder junge Guppys, bieten. Seepferdchen sind schlechte Schwimmer, und ihre aufrechte Schwimmweise wirkt träge; sie möchten keine starke Strömung. Ihre unabhängig voneinander beweglichen Augen jedoch schauen sehr aufmerksam umher. Erspähen sie irgendwo Beute, schweben sie gemächlich auf sie zu, verweilen oftmals längere Zeit davor, fixieren sie ausgiebig, und plötzlich verschwindet sie mit starkem Sog – Unterdruck! –, in dem langen röhrenförmigen Mäulchen. Daß bei den Seepferdchen und den Seenadeln die Männer die Kinder kriegen, ist mittlerweile bekannt, und nicht nur meine Frau findet das ganz besonders praktisch. Vielleicht ist dies auch der Grund, warum die Aquarienliebhaberehefrauen ausnahmslos (?) Seepferdchen ausgesprochen niedlich finden.

Weitere Mitglieder der Familie Syngnathidae – verschiedene Seenadeln – kann man unbedenklich mit Seepferdchen unter den vorher beschriebenen Bedingungen vergesellschaften. Es gibt unter ihnen nicht nur sehr schön gefärbte, sondern auch ausgesprochen verhaltensinteressante Arten. Öfter schon wurde von der rot-weiß gestreiften Zebraseenadel *Dunckerocampus dactyliophorus,* seltener von der Blaustreifenseenadel *Doryrhamphus melanopleura* berichtet. Beide werden hin und wieder importiert, und besonders die Blaustreifenseenadel begegnete mir im Flachwasser vor den Malediven, Sri Lanka und Kenia beim Schnorcheln. Mir fiel auf, daß diese Art ein recht eleganter Schwimmer ist, im Gegensatz zur langsameren Zebraseenadel, und sich recht wendig zwischen Korallen bewegt. Sie ist nicht so langgestreckt und kann mit ihrer gespreizten Schwanzflosse ausgezeichnet steuern. Ihr beim Fressen zuzusehen ist äußerst interessant: Sie frißt nicht nur Plankton aus dem freien Wasser, sondern auch benthische Kleinorganismen. Dabei schwimmt sie schnurgerade auf ein Substrat zu und „bremst" kurz davor, indem sie das letzte Körperdrittel krümmt. Auch sie frißt, ohne daß sie mit dem Maul zubeißt, sondern indem sie die Beute in das weit geöffnete Maul einsaugt. Verhältnismäßig oft begegnete mir im Roten Meer während unseres Dekostopps nach den Tauchgängen und auch beim Schnorcheln eine kleine rosafarbene Seenadel mit dünnen rötlichen Längsstreifen. Ihr Röhrenmaul war nicht besonders lang, und sie hatte stark hervorstehende Augen. Sie hielt sich der Tarnung wegen häufig vor gleichfarbenem Bewuchs auf, beispielsweise vor rötlich-rosafarbenen Kalkalgen. Auch sie war ein wendiger Schwimmer und fraß sehr viel vom Substrat. Trotz ihrer Wendigkeit gelang es mir, sie mit der Close-up-Vorrichtung meiner Nikonos abzulichten. Sie wurde bisher noch nicht in unseren Fachzeitschriften vorgestellt, scheint aber nach meinen Beobachtungen für die Pflege im Aquarium geeignet zu sein.

Seepferdchen und Seenadeln verhalten sich beim Beutejagen nicht besonders offensiv. Ihre Taktik ähnelt ein wenig der des Chamäleons: Langsam, langsam und nur nicht auffallen! Manche Seepferdchen und Seenadeln sind in der Lage, schnell ihre Farbe zu wechseln, sich so dem Hintergrund anzupassen oder dem Seegras und dem Tang, zwischen dem sie sich aufhalten. Sie können nicht nur einfarbige Uniformen anziehen, sondern sich manchmal bis zu drei Farben zulegen, ähnlich den Tarnfarben der Militärkampfanzüge, wobei Grün, Beige, Braun und Gelb vorherrschen.

Wer Interesse daran hat, Meerestiere im Aquarium zu vermehren, der kann mit den Röhrenmäulern recht gut den Einstieg wagen. Seepferdchen und Seenadeln, vor allem aus dem Mittelmeer, waren es, bei denen die Nachzucht schon oft glückte. Für die lebend geborenen Jungen können ganz frisch geschlüpfte Artemianauplien (der Chitinpanzer muß aber noch weich sein) als Erstnahrung gereicht werden.

Ganz raffiniert verhalten sich die in letzter Zeit schon öfter beschriebenen Geisterpfeifenfische, die der Gattung *Solenostomus* zugerechnet werden und von denen ich einmal ein Exemplar aus einem Import von Indonesien erhielt. Trotz eifrig gezielten Suchens bei meinen Schnorchel- und Tauchexkursionen begegnete mir bisher, und das auch nur durch Zufall, lediglich ein Exemplar von etwa zwölf Zentimeter Gesamtlänge. An der Wasseroberfläche schnorchelnd, entfernte ich mißmutig an meiner Maske klebendes Seegras, das nach einem Sturm abgerissen war und an der Oberfläche trieb. Eines dieser Tangblätter fühlte sich zwischen meinen Fingern merkwürdig hart an. Ich ließ es zuerst kurz los, faßte aber sofort wieder zu, weil es nicht zur Wasseroberfläche trieb wie die anderen Blätter, sondern selbständig nach unten wegschwimmen wollte. Dieses „Etwas" war dann tatsächlich ein Geisterpfeifenfisch, wenn auch nicht so bizarr mit Flossenfetzen besetzt und nicht so bunt gefleckt wie die bisher abgebildeten Tiere. Dennoch nahm ich meine Maske ab, setzte den Solenostomiden hinein und ging zum Strand zurück, um ihn in einem Eimer ausgiebig und in Ruhe zu betrachten.

Zu Recht nennt man diese Fische Röhrenmäuler: Ein Drittel ihres Körpers besteht aus dem langen Maul. Ob der Fisch nun die Rückenflosse angelegt hatte oder ob sie zum Schwimmen und Steuern gespreizt war, immer glich er einem treibenden Stückchen Holz, Tang oder Seegras. Vor dem end- bis oberständigen Maul befand sich ein kleiner Faden, anscheinend ein Tastorgan.
Ich brachte den Eimer mit dem Tier zu unserem Basisleiter und fragte ihn, ob er schon mehrere solcher Fische um die Malediven gesehen habe, worauf er den Kopf schüttelte und mir mitteilte, daß er bisher noch nie auf „Treibgut" geachtet habe. Über diese eigenartigen, doch sehr weit entwickelten Fische ist noch wenig bekannt. Wir wissen aber, daß der Geburtsvorgang „richtig herum" – beim Weibchen also – erfolgt. Trotz der Ähnlichkeit und der nahen Verwandtschaft mit Seepferdchen und Seenadeln trägt das Weibchen die Eier in einer aus den Brustflossen gebildeten Tasche. Gern hätte ich diesen Fisch mit nach Hause genommen und in eines meiner Aquarien gesetzt. Ich unterließ es jedoch, weil es nur ein einzelnes Tier war. Nach mehrstündigem Beobachten brachte ich ihn zurück an die Stelle, wo er mir zufällig begegnet war. Schon in zwei Meter Entfernung war er zwischen den Tangblättern nicht mehr auszumachen. Es wurde dann auch dunkel, und der faszinierende Schichtwechsel, der nun erfolgte, nahm mich anderweitig gefangen.
Unter dem Titel „Des Kaisers Reiterei" in DATZ 9 (September) 1983 berichtete ich über die ganz spezielle Strategie eines weitläufigen Verwandten der Seenadeln, nämlich über das schamlose Ausnutzen von Friedfischen durch „Reiten" oder „Aufsitzen" durch den Trompetenfisch *Aulostomus valentinii*. Auch bei ihm

entdeckte ich den vor dem Maul befindlichen „Tastfaden" und die Fähigkeit, die Farbe zu wechseln. Es sind schon wundersame Gesellen, die einem im Riff begegnen. Mit raffinierter Taktik räubern sie im Riff, ernähren sich und wachsen, erfreuen und begeistern uns durch Farben- und Formenreichtum und ein außergewöhnliches Verhalten.

Ideale Fischpartner für sessile Wirbellose

Ein Meerwasseraquarium mit Wirbellosen hat unbestritten seinen ganz besonderen Reiz. Doch noch faszinierender ist es für den Betrachter, wenn sich zwischen den Sessilen etwas bewegt. Die Standortveränderung, das Auf- und Ab, das Hin- und Her- und das Vor- und Zurückschwimmen im Raum, die Erkundungen, die höher entwickelte Lebewesen – Wirbeltiere – unternehmen, die Revierbildung, das Paarungsverhalten und die Ernährungsweise sind es, die ein solches Meerwasseraquarium noch lebendiger erscheinen lassen. Selbstverständlich müssen solche Tiere einige Voraussetzungen erfüllen, so daß sie auch Idealpartner für sessile Wirbellose und „salonfähig" sind. Keinesfalls darf ihre Nahrung aus dem bestehen, was unser Meerwasseraquarium so sehr bereichert und wir im einschlägigen Handel für teures Geld gekauft haben. Großen Raum widmete ich in diesem Buch „Idealpartnern" in dem Kapitel Symbiosen – Partnerschaften. Dort berichtete ich bereits über Anemonenfische, Riffbarsche und Putzerlippfische. Von der Vielzahl der Idealpartner für Wirbellose möchte ich hier noch einige vorstellen, die ich im Laufe der Jahre in meinen Meerwasseraquarien interessiert beobachtend pflegte. Die Beispiele mögen den Einsteiger wie dem Umsteiger als Anregung dienen.

Korallenwächter *Cirrhitichthys aprinus*

Meine beiden „Ceylonesen" bekam ich von meinem Freund. Sie kamen einzeln verpackt in einem „doppelstöckigen" Plastikbeutel hier an. Manchmal schickte er mir auch die Scherengarnelen *Stenopus hispidus* und verschiedene Clownfische *(Amphiprion nigripes, A. sebae, A. clarkii)* in Paaren, aber erst nach zweijährigen Bemühungen und seitenlangen Bittbriefen.

Die beiden kamen im Keller in ein Wirbellosen-Becken. Ihre hopsende Schwimmweise und ihr längeres Verweilen auf übersichtlichen und meist etwas erhöhten Standpunkten kannte ich schon von Beobachtungen in ihrem natürlichen Lebensraum. Von Anfang an vertrugen sie sich sehr gut, und sie fraßen auch Trockenfutter, das von der Wasserströmung an ihrem „Hochsitz" vorbeigetrieben wurde. Ihre Vergesellschaftung mit verschiedenen Scheibenanemonen, Krustenanemonen, Lederkorallen und Steinkorallen war ideal.

Das kleinere Weibchen setzte bald Laich an, und immer wieder schaute ich in diesem Becken nach, ob die beiden Paarbereitschaft zeigten und ich vielleicht den Laichakt beobachten konnte. Oft hob ich Steinplatten hoch, um zu sehen, ob die Fische vielleicht an Substratunterseiten ablaichen, doch immer ohne Erfolg. Zeitweise war das Weibchen von einem Tag zum anderen wieder rank und schlank. So manches Mal leuchtete ich dann, von der Spätschicht zurückgekehrt, nachts mit der Taschenlampe ins Becken und sah oftmals viele kleine Fischlarven. Der ganze Zauber war dann am nächsten Morgen verschwunden, dafür „standen" manche Wirbellose besonders gut – es hatte kurz vorher ja Kaviar, in diesem Falle eigentlich lebendes Plankton, gegeben.

Ich vermute, daß die Korallenwächter wie viele Korallenfische pelagische Laicher sind, und deren Zucht ist ja zur Zeit noch ein großes Problem.

Clownleierfische *Synchiropus picturatus*

Ihr Gewand gleicht dem eines „hohen Herrn", harmonisch zusammengestellt in den Farben und seidig glänzend – wie eine hervorragend gelungene Batikarbeit. Aus Jakarta kommen sie, und mehrere Arten (etwa vier) leben im großen Reich der Mandarine. Sie kommen bei den Philippinen vor, um Taiwan, im Südchinesischen Meer also, und in den Gewässern um den indoaustralischen Archipel.

Meine beiden Clownleierfische waren ursprünglich zu fünft. Einer davon war schon bei der Ankunft tot. Einer (ein Weibchen) starb innerhalb einer Woche, und ein drittes Tier, ein recht kräftiges Männchen, wurde fünf Wochen später von dem Chef „niedergemacht". Sie sehen so friedlich aus, und doch, wenn es darum geht, in einem so kleinen Lebensraum wie einem Aquarium zu überleben, dann bleibt eben der Stärkere übrig. Das größte Männchen imponierte, stellte den langen ersten Stachel der Rückenflosse auf und packte den Rivalen mit dem kleinen, spitzen Maul an Kiemen und Kiemendeckeln, zog ihn durch das Aquarium, ließ ihn los, packte an der gleichen Stelle auf der anderen Seite und zerrte wieder. Ich fing den so Mißhandelten heraus, setzte ihn in ein anderes Becken, jedoch war er am Tage darauf tot. Da waren es nur noch zwei! Diese zwei aber vertrugen sich sehr gut, und sie kamen in ein alt eingefahrenes Becken mit vielen Kleinkrebsen, Würmern und Scyphopolypen. Hervorragend lebten sie sich hier ein, und den ganzen Tag wurde von den beiden hier gepickt, da gepickt, dort gepickt. Gern nahmen sie nach einer Weile auch aufgetaute Mysis, Artemien, Cyclops, Daphnien und Mückenlarven.

Sie schienen sich wohlzufühlen, denn nach einiger Zeit setzte das Weibchen Laich an, und das wurde von dem wesentlich größeren Männchen gebührend zur Kenntnis genommen. Kam er in die Nähe des Weibchens, so stellte er imponierend seine Rückenflosse mit dem langen ersten Flossenstachel auf. Ab und zu verneigte sich das Männchen auch possierlich und schwamm ganz nahe an das Weibchen heran, suchte Körperkontakt mit ihm und drängte es von seinem Platz. Beide suchten die Wasseroberfläche auf. Kamen sie in den Strömungsbereich der Turbelle, wurden sie zusammen „weggeblasen"; Leierfische sind keine guten Schwimmer, und sie haben im freien Wasser einfach keinen richtigen Halt.

Obwohl die den ganzen Tag über mit der Bauchseite am Boden oder auf der Dekoration waagerecht, senkrecht, schräg, oft kopfüber oder kopfunter schwammen, suchten sie zur Fortpflanzung das freie Wasser auf. Sie schienen zu wissen, daß ihre Unbeholfenheit im Pelagial gefährlich ist, denn sie gaben sich meist erst kurz vor dem Erlöschen des Lichtes ihrem Liebesspiel hin. Im Schutz der Dunkelheit trieben sie es ausführlich miteinander. Immer wieder schwammen sie in die Strömung, sackten ab, trudelten umeinander herum wieder nach oben. Machte ich kurz das Licht wieder an, so ließen sie voneinander ab; war es wieder dunkel, begann das Treiben von neuem. Eine Eiabgabe sah ich wegen mangelnder Lichtverhältnisse nie. Am nächsten Morgen jedoch war auch hier das Weibchen wieder schlank. Bei einem Gespräch mit einem Bekannten erfuhr ich, daß er ein Pärchen *Synchiropus ocellatus* besaß, das sich fast

Vier Arten Leierfische kommen aus dem indoaustralischen Archipel. Ein Pärchen der Art *Synchiropus picturatus* laichte nach dem Erlöschen des Lichtes oft vor dem Pumpenauslauf im freien Wasser in meinem Aquarium ab.

genauso verhielt wie meine *S. picturatus*. Ein anderer Aquarianer pflegte ein Pärchen *Synchiropus splendidus*, und auch die laichten über ein Vierteljahr hinweg wöchentlich bei gleichem Verhalten und im Schutz der Dunkelheit ab.
Bei pelagischen Laichern wissen wir ganz einfach noch nicht, was wir tun müssen, um den Laich unbeschadet

zu entnehmen. Natürlich setzte ich schon manche Freiwasserlaicher separat in ein „steriles" Becken – mit dem Ergebnis, daß sie darin einfach nicht mehr ablaichten. Ich bin aber zuversichtlich, daß irgendwann irgendwem irgend etwas dazu einfällt.

Grüne Schwalbenschwänzchen *Chromis caeruleus*

Charakteristische Vertreter der Korallen- und Riffbarsche sind die Grünen Schwalbenschwänzchen; sie sind nahe verwandt mit dem im Mittelmeer beheimateten Mönchsfisch *Chromis chromis*. Als Jungtiere stehen sie in großen Schwärmen über vielerlei Arten von Steinkorallen. Interessant zu sehen ist hier, wie sich die Fische formieren. Bevorzugt werden stark verzweigte Korallen, wie zum Beispiel die Geweihkorallen der Gattung *Acropora*. Steht so eine Koralle vereinsamt auf dem Sand oder auch auf einem ehemals lebenden Korallenblock, so sieht man den Schwarm ca. 20 cm über der Koralle so gruppiert, daß die Korallenform im größeren Radius nachgeformt ist. Bei Annäherung eines Tauchers oder Störung durch Raubfische „versinkt" buchstäblich der ganze Schwarm, Schutz und Deckung suchend, zwischen den Korallenästen. Ist die Gefahr vorüber, kommen sie gleich im Schwarm hervor, und zwar sofort wieder formgleich zur Koralle gruppiert. Grüne Schwalbenschwänzchen sind, als Gruppe oder kleiner Schwarm gehalten, ein ganz idealer Besatz für ein mit Wirbellosen besetztes Riffbecken. Nach Eingewöhnung kann man beobachten, daß sich das größte Männchen mit zwei bis drei Weibchen paart, in ähnlicher Weise, wie dies bei Mittelmeermönchsfischen der Fall ist. Sie haben ein ungeheures Vermehrungspotential und sind dementsprechend im indopazifischen

Raum weit verbreitet. Sie haben allerdings einen Nachteil: Beim Fang bekommen sie leicht einen Schock, und sie sind auch sehr transportempfindlich. Dem stehen einige Vorteile gegenüber: Sie zählen zu den billigsten Aquarienfischen; ihr Verhalten ist interessant – und ihre Versorgung mit Futter problemlos.

Gelbe Korallengrundel *Gobiodon citrinus*

Diese kleinen aus dem indopazifischen Raum stammenden Grundeln sind zitronengelb gefärbt. Es gibt auch nahe Verwandte mit grüner, cremefarbiger, bläulicher und schwärzlicher Färbung. Die Gelben Korallengrundeln sind typische Bewohner des Benthos und oftmals Kommensalen von Wirbellosen. Ihren Saugfuß, der aus zusammengewachsenen Bauchflossen gebildet wurde, benutzen sie, um sich auf Scheibenanemonen, Röhrenwürmern, Krustenanemonen, Lederkorallen, Mördermuscheln oder anderen Wirbellosen anzuheften. Die höchstens vier Zentimeter großen Fischchen leben zumeist mit vorgenannten Tierarten zusammen und schwimmen nie weit von ihrem auserwählten Wirt fort. Da sie keine Schwimmblase besitzen, ist ihr Schwimmen mehr hüpfender Art.
Im Biotop sind Fische dieser Art, wenn sie z. B. auf Lederkorallen sitzen, durch ihre Form und Färbung hervorragend geschützt. Konturaufgelöst und farblich angepaßt haften sie, mit den Brustflossen zur Stütze, als „Finger" oder „Ast" getarnt, auf den Korallen und unternehmen nur kurzfristig in kleinen zickzackförmigen Sätzen Ausflüge in die nähere Umgebung, um zu fressen oder einen Eindringling zu attackieren. Im Wirbellosenaquarium sind diese kleinen Grundeln gut zu

halten und fressen jegliches Futter; regelmäßig laicht das Weibchen, gefolgt vom Männchen, ringförmig an Korallenästen ab.

Da Korallengrundeln wie so viele andere Riffbewohner zwittrig veranlagt sind, ist man gut beraten, wenn man sich mehrere Tiere kauft. Bald finden sich zwei Tiere, die dann zu einem Pärchen werden. Sie dürfen nicht mit schnell fressenden Tieren vergesellschaftet werden, jedoch sind sie für das Wirbellosenaquarium sehr empfehlenswert, wegen ihrer geringen Größe, ihrer Anspruchslosigkeit und ihrem interessanten Verhalten. Hinzu kommt, daß die Korallengrundeln im Indopazifik weit verbreitet sind.

Prachtschwertgrundeln *Nemateleotris*

Erst Mitte der siebziger Jahre tauchten bei uns die ersten Schwertgrundeln im Fachhandel auf. Sie kamen mit Importen von den Philippinen, deren Gewässer ja bekanntlich den größten Artenreichtum an Korallenfischen beherbergen. Später erhielt der meeresaquaristische Fachhandel die schönen Korallengrundeln auch aus den Gewässern um Mauritius und Ostafrika, aus Indonesien, Singapur, Taiwan und anderen. Sie haben zwar ein sehr großes Verbreitungsgebiet, aber nirgendwo sind diese Fische einfach zu fangen. Versierte Korallenfischfänger fangen die Grundeln zumeist so, wie man im Mittelmeer die Schleimfische fängt, die gerne in kleinen Höhlen hausen. Mit einer Vogelfeder – geeignet sind auch Wasserfarbenpinsel oder weich ummantelte Pfeifenreiniger – stochern sie vorsichtig, um die Fischchen nicht zu verletzen, in der kleinen Höhle herum, in der die Schwertgrundeln blitzschnell verschwunden sind. Kommen die Fische verärgert her-

Zu den Idealpartnern der sessilen Wirbellosen gehören viele Grundelarten. Die wunderschöne Prachtschwertgrundel *Nemateleotris magnifica* sollte man nur als Jungtier im Schwarm pflegen. Erwachsene Tiere bilden monogame Ehen und sind gegenüber ihren Artgenossen dann sehr aggressiv.

ausgeschossen, werden sie mit einem großvolumigen Handkescher durch eine schnelle Aufwärtsbewegung der Hand gefangen. Dabei wird der Kescher umgeschlagen. Daß man dafür mit Preßluftgerät tauchen muß, versteht sich von selbst, und die höheren Gestehungskosten sind gerechtfertigt.

Die einfache Methode, die Tiere mit Gift oder Betäubungsmitteln zu fangen, hat zwar quantitativ größeren Erfolg, aber jedem Meerwasseraquarianer ist vom Kauf solcher Tiere abzuraten. Natürlich kann man beim Kauf nicht wissen, wie die Fische gefangen wurden, aber verantwortungsbewußte Importeure bestellen heute keine Korallenfische mehr aus Ländern, von denen sie vermuten, daß die Fänger mit Gift Fische fangen. Es hat den Anschein, daß vor allem die philippinischen Exporteure der negativen Kaufresonanz wegen einsichtig werden und ihre Fänger umerziehen, was in solchen Ländern mit der speziellen Infrastruktur recht schwierig ist. Bei meinen Tauchgängen an vielen Maledivenriffen sah ich in Tiefen ab ca. neun Metern verhältnismäßig häufig die populärste Prachtschwertgrundel *Nemateleotris magnifica*. Als Jungtiere standen sie in Trupps und erwachsen als Pärchen im freien Wasser etwa dreißig bis fünfzig Zentimeter über Korallenschutt und Sediment oder vor der Riffwand. Seltener begegneten mir einzelne Pärchen der schönen Dekorgrundel *Nemateleotris decora*. Ihre Behausungen sind oft kleine Höhlen, die durch das Sekret der Bohrmuscheln aus dem Korallengestein „geätzt" wurden, oder solche, die andere Grundeln oder auch Garnelen gebaggert haben. Sie stehen in ihrem charakteristischen „Wippstand" davor und warten darauf, daß Plankton vorbeitreibt. Sie schnappen immer dann schnell zu, wenn so ein mundgerechtes Nahrungspartikel noch etwa zwei Zentimeter vor ihrem Kopf schwebt. Ich konnte nie beobachten, daß die Schwertgrundeln gezielt nach Futter suchten. Sie stehen abwartend da, fixieren jedoch ständig ihre Umgebung. Geringste Veränderungen, etwa die Annäherung eines Tauchers, veranlassen die Schwertgrundeln dazu, schnell zu verschwinden. Der fast immer steil aufgerichtete erste Rückenflossenstrahl wird zurückgeklappt, und meistens verschwinden sie mit einem Satz in ihrem Unterschlupf.

Selbst dem geduldigsten Fotografen gelingt es selten, schöne Aufnahmen von diesen Tieren im Biotop zu machen. Dem Unterwasserfotografen CHRIS NEWBERT gelang ein spektakuläres Foto eines Pärchens Prachtschwertgrundeln. Dieses Bild wurde denn auch in Fachzeitschriften und Fachbüchern in aller Welt veröffentlicht und begeistert aufgenommen.

Im Meerwasseraquarium sollte man keine Gruppen, sondern nur Einzeltiere oder besser noch Paare pflegen. Trotz ihres friedlichen Aussehens sind die Tiere untereinander sehr aggressiv, und wenn für ein Einzeltier keine Fluchtmöglichkeit besteht (was nur in sehr großen Meerwasseraquarien möglich ist), dann wird es von dem dominierenden Pärchen „niedergemacht". Probleme mit der Fütterung gibt es bei Schwertgrundeln im Meerwasseraquarium nicht, da die Tiere auch sehr gerne herantreibendes Trockenfutter in Flockenform annehmen. Sie sind weder in der Natur noch im Aquarium Weidegänger, und da sie sich nur von vorbeitreibendem Geschwebe ernähren, belästigen sie auch nicht beim Fressen die sessilen Wirbellosen.

Zusammenfassend kann man durchaus sagen, daß diese Grundeln echte Idealpartner für Wirbellose sind. Der Vollständigkeit halber muß ich noch eine uns bisher bekannte dritte Art erwähnen, nämlich *Nemateleotris helfrichi*. Leider taucht sie bei uns in Europa nur selten im Fachhandel auf, weil sich ihre Verbreitung auf den zentralen Pazifik beschränkt. Wir haben deshalb kaum eine Chance, an die schöne Schwertgrundelart zu kommen, und wenn, dann müssen wir natürlich entsprechend dafür löhnen.

Auch Schwertgrundeln haben in Liebhaberaquarien schon abgelaicht – ein weiterer Grund, sich zur Pflege solcher Fische zu entscheiden. Bringt man Pärchen zum Ablaichen, fühlen sie sich auch wohl.

Rötlinge, Fahnenbarsche (Familie Anthiidae)

Warum heißt das schönste Wüstenmeer unserer Erde, das zwischen Nordafrika und der arabischen Halbinsel liegt, Rotes Meer? Das Licht der steigenden oder sinkenden Sonne über der Wüste könnte namengebend sein, vielleicht auch der Widerschein der Roten Berge des Sinai oder die Myriaden roten Phyto- oder Zooplanktons im Bahr el ahmar (arab. = Rotes Meer). Würde man mich aber fragen, so würde ich sagen, der Name Rotes Meer rührt von Milliarden Rötlingen oder Fahnenbarschen her. Es wäre dann nur noch zu klären, warum die Gewässer um einige tausend Inseln im Indopazifik nicht ebenso heißen. Ich kann mich an keinen Tauchgang in tropischen Gebieten erinnern, an dem ich nicht Tausende „Goldfischchen der Korallenriffe" sah. Gegenwärtig sind sie beim Schnorcheln und Tauchen überall. Taucht man aber an den dem offenen Meer zugewandten Außenriffen, sieht man im Sinne des Wortes buchstäblich rot (natürlich nur im klaren Wasser bis etwa in drei Metern Tiefe; in größeren Tiefen kommen sie auch vor). Die Art, die in Korallenriffen am häufigsten und in Unmengen von Individuen auftritt, ist *Anthias squamipinnis*. Erste Begegnungen mit den Fahnenbarschen der Art *Anthias anthias* hatte ich (wie könnte es für einen Mitteleuropäer anders sein) im Mittelmeer bei meinen ersten Tauchgängen um die Insel

Elba, Ende der sechziger Jahre. Schon damals wollte ich für meine Mittelmeeraquarien einige dieser Tiere fangen. Da ich aber beim Erlernen des Gerätetauchens zu sehr mit mir selbst beschäftigt war, gelang es mir damals nicht, meinen Wunsch in die Tat umzusetzen.

Während der Zeit, in der ich Meerestiere aus aller Welt importierte, bekam ich immer wieder verschiedene *Anthias*-Arten, hauptsächlich die schon erwähnte häufigste. *Anthias squamipinnis* ist ein ganz typischer Haremsfisch, der als Weibchen geboren wird und sich bei Bedarf nach einigen Eiablagen erst zum Männchen entwickeln kann. Im Riff hat ein großes ausgewachsenes Primärmännchen von ca. 12 cm Größe meistens mehr als zehn echte Weibchen (ca. 6 bis 8 cm groß) und zwei bis vier Reservemännchen (ca. 9 bis 11 cm groß). Die kleineren Reservemännchen sind zwar noch keine richtigen Männer mit Hoden, aber auch keine Weibchen mehr, die zur Eiablage fähig wären. Erst bei Verlust des Haremsbesitzers, beispielsweise durch das Gefressenwerden von einem Raubfisch, entwickelt sich das größte Tier der Reserve binnen kurzer Zeit zu einem Primärmännchen und ist nun „Chef".

Da die *Anthias*-Arten, soweit bisher bekannt, ausnahmslos Planktonfresser sind, kann man sie gut mit Wirbellosen vergesellschaften. Ist es zunächst planktisches Frostfutter, das man natürlich aufgetaut hat und entsprechend der Wassertemperatur im Aquarium verabreicht, so nehmen die Rötlinge nach einiger Zeit auch gerne Flockenfutter. Um die Fische artgerecht zu pflegen, sollte man sie entsprechend ihrem Verhalten in der Natur zu mehreren in einem großen Meerwasseraquarium unterbringen. Gegenüber anderen Fischarten sind sie nicht aggressiv, jedoch kann es hin und wieder zu

Angriffen kommen, vor allem zur Fütterungszeit beim Fressen, seitens des größten Männchens gegenüber dem größten Halb-Weibchen oder Fast-Männchen. Verletzungen gibt es dabei nicht, vielmehr ist es eine Zurechtweisung innerhalb der „Hackordnung".
In den Abendstunden und in der frühen Nacht laichen die *Anthias*-Arten ab, wie viele andere pelagische Laicher auch. Dabei kann man beobachten, wie das Männchen ein oder auch mehrere Weibchen mit gespannten Flossen anbalzt und in Bögen aufwärts schwimmt. Ist das oder sind die Weibchen laichwillig, so begleiten sie das Männchen in höhere Wasserschichten. Hier kommt auch das den Tauchern bekannte Gesetz von der Kompressibilität der Gase (Boyle-Mariott) zum Tragen. Stimuliert durch die Balz, durch den nachlassenden Umgebungsdruck von außen und durch die sich im Innern der Fischkörper ausdehnenden Schwimmblasen wird die Laich- und Spermaabgabe forciert und erleichtert. Wie sinnvoll hat es die Natur doch eingerichtet, wenn es darum geht, Leben im Meer zu vermehren und damit die Arten zu erhalten.
Die nach etwa 30 bis 40 Stunden geschlüpften Larven leben pelagisch als Zooplankton; sie dienen als Futter für viele andere Tiere. Bei den unzähligen Fahnenbarschen, die uns als halberwachsene und erwachsene Tiere begegnen, stellt sich unwillkürlich die Frage, wieviel Fischlarven da wohl bei einer Laichperiode entstanden sind. Sicherlich ist die Zahl kaum zu schätzen, denn nur ein ganz geringer Prozentsatz wird groß. Die Milliarden *Anthias* in den Riffen sind folglich nur ein geringer Prozentsatz!! Hätten doch nur viele andere bedrohte Lebewesen unserer Erde auch nur annähernd gleiche Möglichkeiten, sich so massenhaft zu vermehren, dann

würde der umweltbedingte Verlust nicht gleich zum Erlöschen der Art führen!

Koboldfische:
Kleine Schleimfische der Familie Blenniidae

Die Meerwasseraquarianer, die sich mit Tieren des Mittelmeeres befassen, kennen sie sicherlich, die Koboldfische. Es sind ausgesprochen interessante Fische für Individualisten. Die länglichen, kleinschuppigen oder auch schuppenlosen Schleimfische sind wenig krankheitsanfällig. Vorsicht geboten ist beim Erwerb oder beim Fang größerer Arten. Sie vergreifen sich leicht an nicht nesselnden, somit wehrlosen Wirbellosen, beispielsweise an Röhrenwürmern, und deshalb kommen sie nicht als Idealpartner für sessile Blumentiere in Frage. Nicht ohne Grund wies ich in der Überschrift dieses Kapitels auf kleine Schleimfische hin.

Für den Meerwasseraquarianer, der gerne sieht, daß in seinem Wohnzimmerriff etwas los ist, bieten sich aber auch einige tropische kleine Kobolde an, die sich sehr gut für die Haltung mit Wirbellosen eignen. Ganz besonders für ein Wirbellosen-Riffaquarium geeignet scheinen mir verschiedene Arten von zwei Gattungen zu sein, nämlich *Ecsenius* und *Cirripectes*.

Schleimfische besitzen unabhängig voneinander bewegliche, zumeist hoch oben auf dem Kopf sitzende Augen. Viele Arten haben außerdem noch paarige, nicht geteilte, zweigeteilte oder mehr oder weniger gefiederte Tentakel über, zwischen oder vor den Augen, was bei ihnen den Eindruck eines kleinen „Teufelchens" oder eben zumindest eines kleinen „Koboldes" hinterläßt. Zudem bewohnen sie gerne kleine Höhlen, am liebsten röhrenförmige, in die sie sich auch noch rückwärts, mit der Schwanzflosse zuerst, einfädeln. Ist der Eingang groß genug, dann schwimmen sie manchmal auch mit dem Kopf voran, schlagen schnell einen „Purzelbaum", und schon beobachten sie wieder sehr interessiert ihre Umgebung. Ihre sehr beweglichen Augen gewähren ihnen einen optimalen Überblick. So können sie gleichzeitig unten vorne rechts und oben hinten links beobachten, ob sich nicht ein anderer Anspruchsteller – etwa ein männlicher Rivale – nähert.

Kommen sie von einem kleinen Ausflug durch ihr nicht allzu großes Revier zurück und fädeln sich unbesichtigt rückwärts in ihr Loch ein, kann es sein, daß sie sofort wieder herausschießen, nämlich dann, wenn inzwischen ein anderer Kobold Gefallen an der Wohnung gefunden hat. Der zwackt den einstigen Vorbesitzer, und mit einem Satz ist dieser wieder draußen. Natürlich läßt er sich solches nicht gefallen, und jetzt ist was los! Auf Bauch- und Brustflossen gestützt, das Maul aufgesperrt, „katzbuckeln" und drohen sie, beide sind bedacht, möglichst groß und stark zu erscheinen und entsprechenden Eindruck zu hinterlassen.

Kommen sich zum Beispiel zwei Männchen der Art *Lipophrys/Blennius canevae* gegenseitig ins Gehege, verfärben sich ihre kurz zuvor noch braunen Wangen zitronen- oder orangegelb, die Stirn und die Nasenregion bis zum Maul ist tiefschwarz – ein Superkontrast. Daß sich die Fische ernsthaft verletzen, konnte ich weder beim Tauchen (zu wenig Zeit während unseres Sicherheitsdekostopps) noch im Aquarium beobachten. Meine Beobachtungen beziehen sich vor allem auf die klein bleibenden Netzschleimfische *Lipophrys (Blennius) canevae* und die Roten Schwarzkopfschleimfische *Lipophrys nigriceps* des Mittelmeeres.

Als ich 1982 Sri Lanka besuchte und meinen ersten Schnupperschnorchelgang in den Tropen an einem Felsbrocken direkt vor dem Mount-Lavinia-Hotel machte, fielen mir als erstes große Gestreifte Doktorfische *Acanthurus lineatus* auf, die eifrig an den mit Algen bewachsenen Steinen herumschrappten. Dazwischen „hopsten" kleine Blenniiden herum, und zwar in der mir schon von meinen Mittelmeerexkursionen bekannten Art und Weise. Mit den anrollenden Wellen ließen sich die kleinen Springer sogar über den Wassersaum spülen, und sie saßen dann kurzzeitig auf den Steinen außerhalb des Wassers. Lief das Wasser zurück, wurden sie wieder zurückgespült, und mir schien, als würden sie dann auf die nächste Welle warten.

Beim genaueren Hinsehen fiel mir auf, daß diese kleinen Kobolde teilweise zweifarbig waren, und zwar Kopf und Brust braun und ab der Körpermitte etwa bis einschließlich der Schwanzflosse ockergelb. Bei einem Gespräch, das ich abends mit meinem damaligen Exporteur Anaanda Pathirana führte, der selbst Taucher und Fänger ist, sagte mir dieser, daß die kleinen Blenniiden *Ecsenius bicolor* seien.

Wir nennen diese Kobolde ganz treffend Lippenzahnschleimfische, weil ihre vielen kleinen Zähne nicht in den Kiefer, sondern in ihre, allerdings knochig wirkenden Lippen eingebettet sind. Anaanda erzählte mir dann auch, daß diese Fische häufig vorkommen, vor allem an und um die Riffplatten, die ständig oder auch nur bei Ebbe aus dem Wasser herausragen. Sie sind nicht besonders schwierig zu fangen, da man sie gut aus ihren Löchern heraus„kitzeln" kann.

Wir importieren sie sehr gerne für unsere Meerwasseraquarien, weil es einfach interessante Fische sind. Leider verlieren die meisten „herausgekitzelten" Männchen im Aquarium ihre Zweifarbigkeit.

Pflegt man mehrere Fische dieser Art und sind darunter auch einige weibliche Tiere, wird man bei einem dominierenden Männchen doch eine zeitweilige Zweifarbigkeit sehen können, wenngleich nicht so kontrastreich wie in ihrem heimatlichen Biotop. Um ihr koboldhaftes Verhalten im Aquarium beobachten zu können, pflegt man sie artgerecht, indem man ihnen einige Höhlen anbietet, etwa die Gehäuse von dicken Kalkröhrenwürmern oder Kalklochgestein, in das man fingerdicke und fingerlange Löcher gebohrt hat.

Brunnenbauer, Kieferfische (Familie Opistognathidae)

In diesem Buch berichtete ich von meinen Erfahrungen mit Mittelmeertieren und von tropischen Fischen und Wirbellosen aus dem indopazifischen Raum. Erfahrungen sind, so meine Meinung, in erster Linie im Sinne des Wortes zu verstehen. Meine meerwasseraquaristischen Studienreisen führten mich bisher, wie erwähnt, in mediterrane Gegenden, nach dem warmen Süden also, und nach Südostasien, in die Zaubergärten des Indik. Angeregt in Stunden der Muße, wenn ich vor meinen Aquarien saß und meiner Fantasie freien Lauf ließ, wurden meine Wünsche, die Herkunftsländer unserer Meerestiere zu besuchen, die „Väter der Gedanken". Einige dieser Wünsche wurden dann auch Wirklichkeit, und ich konnte meine Beobachtungen vor Ort machen. Ich stiefelte durch Gezeitentümpel, trottete Sandstrände entlang, schnorchelte, zog dabei Parallelen mit unseren Pfleglingen in Meerwasseraquarien, tauchte und genoß das schwerelose Schweben im Silberblau. Nicht alle Wünsche konnte ich real werden lassen, so zum Beispiel den, die Karibik mit ihren Inseln und Küsten zu besuchen. Doch was nicht ist, kann schließlich noch werden.

Erstmalige Anregung für mich, auch die Karibik zu erkunden, waren Korallenfischsendungen, die ich von Curaçao und von Belize (ehemals Britisch-Honduras) erhielt. Vor allem waren es Wirbellose und Fische, die Karl Bischof aus Belize, einer der besten Kenner der Materie, mir sandte. Ich erhielt von ihm karibische Herzog- und Kaiserfische, deren Import- und Handelsverbot nach dem neuen Bundesnaturschutzgesetz seit 1. 1. 87 ja mittlerweile bekannt ist (siehe zu diesem Thema auch die Beiträge von DIETER VOGT in den Ausgaben der DATZ von 1987). Weiterhin bekam ich so interessante Fische wie Seefledermäuse (Ogcocephalidae). Schließlich erhielt ich von Karl Bischof auch Goldstirnkieferfische, die besser unter dem Namen Brunnenbauer *Opistognathus aurifrons* bekannt sind.

Beim Auspacken einer Karibiksendung bieten die schreckhaften Brunnenbauer zunächst einen erbärmlichen Anblick. Blaß und farblos liegen sie eng an den Boden der Plastikbeutels gedrückt, und nur der eine oder der andere versucht zu drohen und sperrt beim Ansehen sein Riesenmaul (Name!) auf. Ihrer Schreckhaftigkeit wegen deckt man am besten schon beim Umgewöhnen an die neuen Wasserverhältnisse nach der Tröpfchenmethode das Umsetzgefäß ab.

Das Meerwasseraquarium für Brunnenbauer sollte einen Bodengrund von mindestens fünf Zentimetern haben, bei einer Körnung von vier bis sechs Millimetern. Um diesen interessanten Fischchen für ihren späteren „Brunnenbau" schon eine Starthilfe zu geben, durchsetzt man den Bodengrund mit Kieselsteinen oder verzweigten Korallenästchen. Wären hier nur die zu Anfang des Buches (Bodengrund) empfohlenen rundgeschliffenen Quarzkieskörnchen oder Korallengranulat vorhanden, dann würde das kunstvolle Bauwerk der kleinen „Geistchen" ständig zusammenrieseln, und der Bodengrund des Beckens gliche einem Feld, in das lauter kleine Bomben eingeschlagen haben.

Schon bald nach dem Einsetzen beginnen die Tiere mit dem Bau ihrer Burgen. Im allgemeinen wird die aufgebaute Riffwand mit sessilen Wirbellosen nicht behelligt, der Boden jedoch ist ihr ureigenstes Territorium, das sie nach ihrem eigenen Geschmack gestalten und umdekorieren. Mäuler voll Sand werden aufgenommen und zwanzig bis dreißig Zentimeter weiter transportiert. Dort spucken sie dann alles aus und nehmen auch keine Rücksicht darauf, ob hier ein anderer Geist am Werken ist. Ist dies der Fall, revanchiert er sich natürlich und trägt das nicht bestellte Baumaterial entweder weiter oder wieder zur Sandgrube des Lieferanten. Auf diese Art und Weise wird der Bodengrund ständig bewegt.

Hat es einer dann endlich geschafft, eine feste Burg zu bauen, bleibt er auch an seinem Standort, besser gesagt, er steht tagsüber etwa zehn Zentimeter über seinem Krater und beobachtet argwöhnisch die Umgebung. Nähert sich der Pfleger dem Aquarium, verschwindet zu Anfang noch der nun grünlich oder bläulich fluoreszierende Geist in seinem Loch. Später aber, wenn die Tiere erkannt haben, daß von hier keine Gefahr droht, bleiben sie weiterhin im freien Wasser schweben. Gegen Abend, etwa ein bis zwei Stunden vor Erlöschen des Lichtes, ziehen sich alle Brunnenbauer in ihr Loch zurück, um darin die Nacht zu verbringen. Sollte über Nacht die Burg beschädigt werden, etwa dadurch, daß ein wandernder Seestern oder Seeigel die nur lose befestigten Ränder des Kraters zerstört, haben sie am nächsten Tag genug zu tun, ihr Bauwerk gemäß ihren Vorstellungen wieder in Ordnung zu bringen. Nimmt man sich die Zeit und beobachtet seine Brunnenbauer über einen längeren Zeitraum, etwa ein bis zwei Stunden lang, hat man den Eindruck, daß die Tiere mit ihrem Bauwerk nie ganz zufrieden sind. Liegt nur ein Steinchen nicht ihren Vorstellungen entsprechend, wird es regelrecht „aufgeräumt" – man kann dies fast mit pedantisch bezeichnen. So ein Brunnenbau ist tagsüber eine ständige Baustelle. Brunnenbauer sind Maulbrüter, das Männchen behält die vom Weibchen abgelegten Eier so lange im Maul, bis die Jungen schlüpfen. Daß jedoch in Europa eine Nachzucht gelang, ist bisher nicht bekannt geworden. Da Goldstirnkieferfische sehr verhaltensinteressante Fische sind und auch fast nur aus dem freien Wasser Nahrung zu sich nehmen, die sessilen Wirbellosen oder deren reserviertes Futter also nicht anpicken, können wir sie trotz ihrer Baggertätigkeit als Idealpartner für das Wirbellosenaquarium bezeichnen.

Feenbarsche (Familie Grammidae)

Von den vorgestellten Tieren, den Wirbellosen, Krebsen und Fischen, beschrieb ich in der Hauptsache solche, die mehr oder weniger regelmäßig importiert werden und dadurch den Meerwasseraquarianern bekannt und zugänglich sind. Hier über neu entdeckte und ab und zu importierte bekannte „Raritäten" zu berichten, schien mir wenig sinnvoll, weil kaum ein Normalaquarianer in der Lage ist, an sie heranzukommen, oder der Preis für die Tiere ist so hoch, daß ihn kaum jemand bezahlen kann oder will. So möchte ich auch zum

Schluß noch von einem bekannten und oft erhältlichen Karibikfisch berichten, dem populärsten Feenbarsch der Art *Gramma loreto*.
Die „Königsgramma" ist im tropischen Atlantik und in der Karibik weit verbreitet und kommt recht häufig vor. Durch ihre Anspruchslosigkeit, ihr ruhiges Verhalten und vor allem durch ihre auffällige komplementäre Färbung violett/gelb (ein schönes Beispiel aus der Farbharmonielehre der Natur) spricht sie den Meerwasseraquarianer besonders an, wenn er Idealpartner für seine sessilen Wirbellosen sucht. Zu empfehlen ist bei diesen Fischen das Erstehen einer Gruppe von etwa fünf kleineren Fischen, im Gegensatz zu den indopazifischen Zwergbarschen der Familie Pseudochromidae, die man nur als Einzeltier im Wirbellosenaquarium pflegen kann. Es wird auch kaum möglich sein, ein einzelnes Tier beispielsweise der Art *Pseudochromis paccagnellae* mit einem oder mehreren Tieren der Art *Gramma loreto* zu vergesellschaften. Das Revierverhalten und die etwa gleiche Färbung der unterschiedlichen Zwergbarsche verurteilt einen solchen Versuch zum Scheitern. In einem Wirbellosenaquarium konnte ich beobachten, daß sich von meinen fünf Feenbarschen ein Pärchen absonderte und eine kleine Höhle in der rechten Seite des Aquariums bezog. Die anderen drei Fische mußten sich links im Aquarium um kleine Reviere streiten, jedoch geschah dies ohne große Reibereien und ohne Verletzungen.
Das Pärchen buddelte seine Höhle an der aufgebauten Riffwand sauber, ähnlich der pedantischen Art und Weise der Brunnenbauer auf dem Bodengrund. Sie taten sehr geheimnisvoll, und außerhalb der Höhle war meist nur ein Fisch zu sehen. Sah irgend etwas nach

Gefahr aus, verschwand auch das wachestehende Fischchen in der Höhle. Geschlechtsunterschiede konnte ich nicht sehen, jedoch nehme ich an, daß das etwas größere Tier das Männchen war. Ob das Pärchen in der Höhle abgelaicht hatte, vermag ich nicht zu sagen. Ich vermutete dies aber, weil ihr Verhalten darauf schließen ließ, unter anderem aufgrund von Verhaltensbeobachtungen an anderen Zwergbarschen.

Auch die Feenbarsche sind, wie ich feststellen konnte, in keiner Weise Problemfische bezüglich der Ernährung. Alle Arten Frost- und Trockenfutter nahmen sie an, aber niemals sah ich sie vom Substrat fressen. Nur was von der Strömungspumpe in mundgerechter Größe vorbeigetrieben wurde, schnappten sie sich in der Art und Weise wie ihre Riesenverwandten, die „Zackis" in den Riffen.

In einem mit saftig grünen Fadenalgen oder verschiedenen *Caulerpa*-Arten bewachsenen Meerwasseraquarium kommt die plakative violett/gelbe Färbung besonders gut zur Geltung. Wie fast alle Korallenfische lieben es auch die Königsgramma, wenn man regelmäßig einen kleinen Wasserwechsel vornimmt und abwechslungsreich füttert.

Abwechslungsreich füttern ist heutzutage kein großes Problem mehr. (Hierin hat sich die Aquaristik weiterentwickelt.) Wir bekommen viele hervorragende Frostfutterarten in Tafeln, und hier sind außer den gefrosteten Schwebegarnelen *Mysis* und Krill vor allen Dingen auch die verschiedenen Mückenlarven gut geeignet. Auch kann sich der selbst Futter fangende Aquarianer im Sommer, vor allem wenn er in Riedgebieten wohnt, aus Tümpeln, Teichen und Bächen schwarze Mückenlarven fangen und portionsweise einfrieren.

„Amal" fängt
und sammelt Meerestiere

Lang ist der Weg unserer „Juwelen" vom Riff ins Aquarium. Manchmal sind die Bedingungen durch die Wettersituation sehr schlecht, und die Fänger müssen trotzdem, auch unter ungünstigen Verhältnissen, hinaus an die Riffe fahren, um die Exporteure zu beliefern. Schon mehrmals besuchte ich Sri Lanka, dieses wunderbar strahlende Land. Ehemals Ceylon genannt, liegt die Trauminsel südöstlich vor der Spitze Indiens, und sie gehört neben Kenia zu den ersten Ländern, die Meerestiere exportierten. Sri Lanka, meine „Insel des Lächelns", bezauberte mich von Anfang an bei meinen aquaristischen Reisen.

Die Fischer brachten mich mit Ouros an die weiter draußen gelegenen Riffe: Ouros sind die von Hand geruderten typischen ostasiatischen Auslegerboote; sie werden ohne Eisennägel gefertigt, weil einer Sage nach „dort draußen" ein Magnet liegt und alles anzieht, was das Metall enthält, also die Fischer in Gefahr bringen würde. Auch beim Schnorcheln in Strandnähe habe ich aber des öfteren junge Korallenfische gesehen, so etwa fünf bis sieben Zentimeter groß (Idealgröße für den Transport).

Vor den Riffbarrieren, an den dem offenen Meer zugewandten Außenseiten, begegneten mir viele Arten von Korallenfischen – erwachsene (adulte), manchmal aber auch noch halberwachsene (semiadulte) Exemplare – darunter folgende „Majestäten der Riffe" – Kaiserfische –: Ringkaiserfisch *Pomacanthus annularis,* „Imperator" *P. imperator,* Arabischer oder Korankaiserfisch *P. semicircularis,* Rauchkaiserfisch *Apolemichthys xanthurus* und, wenn auch selten, der Gelbe Kaiserfisch *A. trimaculatus,* der im Amerikanischen, so treffend auch „Lippstick-Angel" genannt wird. Dabei beobachtete ich, daß die größten gelegentlich in Paaren vorkamen und auch riesige Reviere für sich beanspruchten. Mir begegneten Tiere, die entgegen den allgemeinen Literaturangaben bis zu 50 Zentimeter groß waren (durch den Blick der Tauchermaske erscheint auch noch alles ⅓ größer), und was besonders beeindruckend war, manche waren fast genauso hoch, nämlich die Ringkaiserfische, *P. annularis*! Von drei Arten gab es von Oktober bis April mehr oder weniger häufig Jungtiere. Eines Morgens im Januar 1984, es war gerade hell geworden, lernte ich Amal kennen. Während ich schnorchelte, dabei hin und wieder aufblickte, sah ich ihn vor einer Riffplatte im Wasser stehen. Er war mit Maske, Flossen, Eisenstab, Handnetz, Gürtel und Plastiktüten ausgestattet. Natürlich interessierte mich sein Gebaren, und ich begab mich zu ihm. Er sprach einigermaßen gut englisch, auch ein paar Brocken deutsch, und unter Zuhilfenahme unserer Hände kam ein recht aufschlußreiches Gespräch zustande: „Ich Amal", sagte er, und im Laufe unserer Unterhaltung lud er mich mit folgenden Worten ein: „Eleven o'clock du kommen mein Haus, schauen Fische."

Doch zuvor sah ich ihm noch bei der Arbeit zu. Amal war ein guter Beobachter und außerordentlich geschickt im Umgang mit seinem „Handwerkszeug". Minutenlang stand er vor einem Felsbrocken, völlig regungslos; nur sein Blick glitt ständig umher. Dann sah ich einen kleinen Ringkaiserfisch neugierig aus einer Spalte hervorkommen; dennoch war er vorsichtig und blieb nahe beim Substrat. Er pickte hier und da und dort, schwamm stets mit der Bauchseite zum Fels, und immer wieder verschwand er zwischendurch in einer Ritze, aufmerksam verfolgt von Amals Blicken. Nach einigen Minuten kannte er jede Bewegung des kleinen Kaiserfisches. Dann setzte er mit der rechten Hand sein Netz an den Steinbrocken. Mit der linken stocherte er mit seinem „Schürhaken" in einer Spalte und mit mehreren kurzen, seitlichen Bewegungen rüttelte er den Stab. Erschreckt durch das dadurch verursachte Geräusch kam der kleine Kaiser aus einem Loch und wollte gleich wieder in einem anderen verschwinden. Doch Amal ahnte das; er hatte die Bewegungen des Fischchens vorher ja gründlich studiert. Mit einer schnellen Aufwärtsbewegung der Hand hatte er den Fisch im Netz gefangen, noch bevor der in dem anderen Loch verschwinden konnte. Vorsichtig nahm er den kleinen Annularis aus dem Netz und beförderte ihn zusammen mit etwa zwei Litern Wasser in einen Plastikbeutel, den er verknotete und durch seinen Gürtel zog. Dabei sagte er: „I'll get two Dollars."

An diesem Morgen fing er noch drei kleine Schmetterlingsfische, zwei Zwergfeuerfische und einen Anglerfisch. Immer wieder mußte er schon verknotete Beutel wieder öffnen oder auch neue verwenden und dabei aufpassen, daß ihm die schon vorher gefangenen Tiere nicht wieder entwischten. Ich selbst brauchte recht lange, um mit den wassergefüllten, ballonartigen Plastiktüten im Auftrieb des dichten „Salzwassers" richtig umzugehen. So manches Mal verschwanden meine mit Mühe und Sorgfalt gefangenen Fische wieder in ihrem Element. Es war nicht nur meine Ungeschicklichkeit: Manchmal zerriß eine zu prall gefüllte Tüte an meinem

Gürtel durch die Berührung mit einem spitzen Stein. Manchmal schwappte es auch richtig kräftig, vor allem, wenn die Flut begann. Dann mußte man höllisch aufpassen, daß man von den Wellen nicht an die Felsen „geschoben" wurde. Es waren ja nicht nur die Felsen selbst, von denen Gefahr drohte, sondern auch Hunderte von Seeigeln, die sich dort aufhielten und wie eine stachelbewehrte Barriere wirkten!
Amal begann zu frieren. Zwar war das Wasser hier 28 °C warm, doch wenn man zwei Stunden ohne Neoprenanzug, nur mit Badehose und T-Shirt bekleidet, hier verbringt, dann wird einem doch kühl. Mit den Worten „Du später kommen hier", verabschiedete er sich, und ich sah ihn mit seinen zahlreichen Plastiktüten hinter den Strandhütten im dschungelähnlichen Wald verschwinden.
Nach dem Frühstück erwartete uns Amal am Strand. Er war nun mit einem Sarong bekleidet, dem in Sri Lanka noch häufig getragenen Wickelrock der Männer, und sah im Gegensatz zu uns Touristen richtig vornehm aus. Wir folgten ihm, und auf dem Weg zu seinem Haus sahen wir kleine Holzhütten, davor Frauen und Kinder, die uns verhalten und schüchtern, doch neugierig, manchmal aber auch recht lautstark mit einem „Hallo" begrüßten. Wie eigentlich überall auf dieser Insel lächelten sie uns entgegen. Auf einer kleinen Lichtung standen dann, überdacht, damit es nicht hineinregnet, mehrere Betonbehälter, dahinter eine der typischen Holzhütten, gebaut aus den Stämmen der Kokospalmen und gedeckt mit Palmwedel. „Hier mein Haus", sagte Amal, recht überflüssig, denn es war wegen der mit Wasser gefüllten Behälter auffällig genug. Mit herzlichem „Ayubowan" wurden wir von seinen Eltern

begrüßt. Amal war 17 Jahre alt, und er fing schon Korallenfische. Die Familie lebte ausschließlich davon! Wir schauten uns die kleine „Hälterungsstation" an. Irgendwie paßten die überall herumliegenden Plastiktüten und die zwei großen verrosteten Sauerstoffflaschen nicht in dieses Bild. Uns wurde heißer Tee angeboten, wie immer, wenn wir hier in ein Heim eingeladen wurden, und er war sehr gut. Wir erfuhren, daß Amals Vater jeden zweiten Tag mit Moped und Anhänger nach Colombo fährt und dort die gefangenen Fische bei den Exporteuren abliefert. Er bekommt für einen Fisch zwischen 30 und 50 Prozent des Preises, den die Exporteure selbst verlangen, und er muß alle Kosten für Plastikbeutel, Sauerstoff, Strom, Transport und Fangausrüstung selbst tragen. Häufig und leicht zu fangende Fische werden mit 30 Prozent vergütet, seltenere und schwer zu fangende Arten mit bis zu 50. Bedingt durch den großen Aufwand beim Fang von Meerestieren und die erheblich ins Gewicht fallenden Luftfrachtkosten, sind die Gestehungskosten hoch.

Verfolgen wir doch einmal den Weg eines Korallenfisches vom Fang bis zum Einsetzen in unser Aquarium. Fang Mittwochmorgen um 6.30 Uhr; Transport in Plastikbeuteln zum Hälterungsbecken um 10 Uhr; Hälterung mit Übernachtung, rund 25 Fische in 250 Litern Wasser mit Durchlüftung. Dauer etwa 20 Stunden, bis Donnerstagmorgen 6 Uhr; um 7 Uhr erneut einzeln Verpacken in Plastiktüten, dann Transport im Mopedanhänger von Beruwela zum Exporteur nach Colombo, Dauer meist zwei, oft aber auch vier Stunden; Umsetzen in Hälterungsbecken beim Exporteur gegen 12 Uhr; Frachtzusammenstellung entsprechend der Bestellung des Importeurs um 14 Uhr; erneutes Herausfangen,

Einpacken in Plastiktüten mit ein bis zwei Litern Wasser pro Fisch, dazu 0,5 Liter reinen Sauerstoff, Verschließen mit Gummiringen, Einpacken in Styroporkartons und Lagerung, bis die Sendung und die Papiere vollständig beisammen sind. Dauer vier Stunden, bis 18 Uhr; Verladen auf Lkw, Marke „Rosti", Transport zum Airfreightdepartment Banderanaike Airport Negombo, Dauer etwa zwei Stunden und Lagerung etwa drei Stunden, bis 23 Uhr; Zollkontrolle mit Röntgendurchleuchtung, Containerbeladung, Transport zu einer Tristar der Air Lanka, Start Freitag 0.30 Uhr; Flugdauer bis Dubai etwa viereinhalb Stunden, Zwischenlandung mit einer Stunde Aufenthalt, erneuter Start nach Deutschland, Flugdauer fünfeinviertel Stunden, Landung auf dem Flughafen Frankfurt/Main gegen 11.30 Uhr; Ausladen, Einlagern, Zollabwicklung in Frankfurt etwa zwei Stunden bis 13.30 Uhr, dann erhält der Importeur endlich seine Sendung.

Je nach Standort der Importfirma kommt eine erneute Transportzeit hinzu; nehmen wir einmal zweieinhalb Stunden an, dann ist es 16 Uhr; nun wird ausgepackt, und die importierten Tiere werden bei den Händlern in die „Auffangbecken" gesetzt. Langsam werden sie wieder dem Licht ausgesetzt und vorsichtig über einen Zeitraum von zwei bis drei Stunden an synthetisches Meerwasser gewöhnt. Mittlerweile ist es an diesem Freitag ungefähr 20 Uhr geworden. Gerade sind die kleinen Korallenfische zur ersten Orientierung eine „Inspektionsrunde" geschwommen, da erlöscht erneut das Licht, und viele Stunden lang ist es wieder dunkel. Nehmen wir einmal an, sie haben viel Glück, dann wird der eine oder andere im Laufe des nächsten Vormittags (Samstag) von einem Liebhaber gekauft. Unumgänglich

sind ein erneutes Herausfangen und Verpacken, ein erneuter Transport, ein neues Auspacken mit anschließender Um- und Eingewöhnung.
So etwa 20 äußerst starken Streßsituationen werden die Fische aus den Korallenriffen in einem Zeitraum von rund 80 Stunden ausgesetzt. Kann man es ihnen verübeln, wenn sie in den darauffolgenden Tagen ängstlich sind, sich verstecken und kaum fressen? Doch allmählich verspüren sie Hunger. Wenn sie gesund sind, beginnen sie meist bald wieder zu fressen, obwohl sie nun eine ganz andere und vor allem nicht selbst gesuchte Nahrung bekommen. Ein richtiger Meeresaquarianer muß sich schon in Geduld fassen!
Man darf aber keinesfalls annehmen, daß immer alles einigermaßen problemlos – wie hier geschildert – verläuft. Nicht berücksichtigt sind: asiatische Geschäftigkeit und der Straßenverkehr in und um Colombo, die Schlitzohrigkeit der um ihre Existenz kämpfenden Ceylonesen, Flugausfälle, Flugverspätungen, Flugumleitungen, unvollständige Fracht- und Zollpapiere, die Unkenntnis mancher Beamten über Ein- und Ausfuhrbestimmungen bei verschiedenen Tieren usw. usw. . . .

Schlußwort – Danksagung

Vorhergehendes Beispiel von der Reise eines aus seinem Biotop gefangenen Korallenfisches – aus den Riffen Sri Lankas in ein Liebhaberaquarium – ist übertragbar auf andere Exportländer mit gleicher oder ähnlicher Infrastruktur. Fast gleich verläuft der Export von Süßwasserfischen aus tropischen Fischfarmen, deren Betreiber planmäßig und sehr produktiv fast alle tropischen Zierfischarten züchten. Kleine Arten, zum Beispiel Neon- oder Glühlichtsalmler werden hier jedoch zu Hunderten in einer Plastiktüte verschickt. Schon die Einzelverpackung und der Versand eines Korallenfisches erfordert großen Zeit- und Materialaufwand. Jeder Meerwasseraquarianer sollte sich über die schwierige Beschaffung der faszinierenden marinen Lebewesen im klaren sein, der „Kleinode", die nicht aus materieller Sicht zu sehen sind.

Die meisten Meerestiere, die ich in diesem Buch in Worten und Bildern vorstellte, waren im einschlägigen Fachhandel bis einschließlich Dezember 1986 erhältlich. Was nach dem neuen Bundesnaturschutzgesetz vom 1. Januar 1987 an nicht mehr importiert und gehandelt werden darf, darauf wurde verschiedentlich hingewiesen. Die Schilderungen von riffbauenden (hermatypischen) Steinkorallen, Schnecken, Muscheln, Schmetterlings- und Kaiserfischen wurden von mir durchaus mit emotionaler Beteiligung hier niedergeschrieben. Wie könnte man sonst, so frage ich mich, ein Buch über die faszinierende Meerwasseraquaristik schreiben, wenn man nicht auch über die Heimat unserer Tiere, über die Korallenriffe und ihre Entstehung berichten würde?

Einige maßgebliche Leute, darunter Wissenschaftler, die selbst eingefleischte Meerwasseraquarianer sind, werden dafür sorgen, daß manche Tierarten jedoch von dem Verbot wieder ausgenommen werden. Die Artenvielfalt und Individuenzahl vieler für unsere Meerwasseraquaristik importierte Tiere ist so groß, daß deren Entnahme aus dem Riff nicht ins Gewicht fällt.

Abschließend möchte ich mich noch bei meinen Freunden und Bekannten bedanken, die mich auf meinen Reisen begleiteten oder die ich kennenlernte. Dank spreche ich auch meinen zu Freunden gewordenen Kurzzeitgenossen aus, Ceylonesen, Maledivern, Kenianern und Ägyptern. Trotz ihrer wesentlich anderen Mentalität mit entsprechend anderen Handlungsweisen beeindruckten mich doch immer ihr Können bei der Führung der Tauchboote und ihr Wissen über die Lebewesen in ihren Meeren. Ihr unkompliziertes Verhalten stimmte mich oftmals nachdenklich. Manchmal versuchte ich, mich so an sie anzupassen, daß ich mich für die Zeit meines Aufenthaltes zugehörig fühlen durfte. Einige uns nicht sehr geläufige Namen wie Ibrahim, Omari, Samir, Saodoo und Sunethra blieben mir in Erinnerung, andere habe ich vergessen. Zu Hause aber tauchen zwischen meinen Reisen Bilder von Personen auf, die ich in den Ländern am Indischen Ozean traf. Fast leibhaftig stehen sie vor mir, und gegenwärtig werden bestimmte Situationen.

Dank spreche ich unserem Tauchlehrer Jürgen Brei aus. Er begleitete uns auf einer Safari durch das Reich der tausend Atolle und brachte meiner Frau Ursula (nach vielen vergeblichen Bemühungen meinerseits) das Tauchen mit Preßluftgerät bei. Inzwischen ist meine Frau mein lieber Tauchkamerad und Partner geworden, und wir haben zusammen schon viele schöne Tauchgänge gemacht und gemeinsam die Wunderwelt in den Korallenriffen erlebt. Für ihr Verständnis, ihre Geduld und ihre tatkräftige Mitarbeit beim Schreiben des Buchmanuskriptes bedanke ich mich ganz besonders herzlich. Ebenso bedanke ich mich bei meinem Arbeitskollegen Hans Richter. Vor mehr als zwanzig Jahren lehrte er mich den „richtigen" Gebrauch der Spiegelreflexkamera. Damals konnte er mich für die Nahaufnahme-Fotografie begeistern, und noch immer ist sie für mich wegweisend, wenn ich in meiner Wunderwelt fotografiere.

Literatur

ALLEN, G. R.: Die Anemonenfische. Melle 1978.

—: Falter- und Kaiserfische, Bd. 2. Melle 1979.

BAENSCH, H. A.: Kleine Seewasserpraxis. Melle 1977.

BAUMEISTER, W., und BRÜMMER, F.: Tauchreiseführer Korsika. Stuttgart 1987.

CAMPBELL, A. C.: Was lebt im Mittelmeer? Stuttgart 1983.

CHLUPATY, P.: Meine Erfahrungen mit Korallenfischen im Aquarium. Hannover 1980.

COUET, MOOSLEITNER, NAGLSCHMIDT: Gefährliche Meerestiere. Hamburg 1981.

COUSTEAU, J. Y.: Korallen. München und Zürich 1974.

DEBELIUS, H.: Gepanzerte Meeresritter. Essen 1983.

—: Fischpartner Niederer Tiere. Essen 1986.

—: Unterwasserführer Rotes Meer, Fische. Stuttgart 1988.

EIBL-EIBESFELDT, I.: Die Malediven. München 1982.

FRICKE, H. W.: Bericht aus dem Riff. München 1976.

GRAAF, F. de: Tropische Zierfische im Meerwasseraquarium. Melsungen 1977.

HASS, H.: Ich fotografierte in den Sieben Meeren. Seebruck 1954.

—: Wie der Fisch zum Menschen wurde. München 1979.

KIPPER, H.: Das Optimale Meerwasseraquarium. Bielefeld 1986.

KLAUSEWITZ, W.: Handbuch der Meeresaquaristik. Wuppertal 1975.

KÜHLMANN, D.: Das lebende Riff. Hannover 1986.

LANGE, J.: Korallenfische. Stuttgart 1986.

LUTHER, W., und FIEDLER, K.: Die Unterwasserfauna der Mittelmeerküsten. Hamburg und Berlin 1961.

MARCUSE, G. und F.: Giftige und gefährliche Tiere der Meere. Hannover 1981.

MATTHES, D.: Tiersymbiosen. Stuttgart 1978.

MAYLAND, H. J.: Korallenfische und Niedere Tiere. Hannover 1975.

NEUGEBAUER, W.: Korallenfische im Aquarium. Stuttgart 1973.

NEWELL, P. und PATRICIA: Meeresmuscheln. Hannover 1982.

PATZNER, R., und DEBELIUS, H.: Partnerschaft im Meer. Wuppertal 1984.

PAUL, G., und WALTER, F.: Faszinierende Welt unter Wasser. Melle 1987.

PROBST, K., und LANGE, H.: Das große Buch der Meeresaquaristik. Stuttgart 1975.

RIEDL, R.: Fauna und Flora der Adria. Berlin 1963.

SCHMIDT, N.: Malediven. Köln 1981.

SCHUHMACHER, H.: Korallenriffe. München/Berlin/Wien 1976.

SELZLE, H., und LEMKEMEYER, J.: Moderne Meerwasseraquaristik. Taufk./München 1985.

SPIES, G.: Züchterkniffe VII – Anemonenfische. Essen 1984.

STEENE, R. C.: Falter- und Kaiserfische, Bd. 1. Melle 1977.

STEINER, H.: Beobachtungen an Niederen Tieren des Mittelmeeres. Hannover 1983.

STERBA, G.: Enzyklopädie der Aquaristik. Melsungen 1978.

WEIGEL, W.: Aquarianer fangen Meerestiere. Stuttgart 1969.

WICKLER, W.: Mimikry. München 1968.

WILKENS, P.: Niedere Tiere im Tropischen Seewasseraquarium, Bd. I (1973) und Bd. II. Wuppertal/Elberfeld 1979.

ZIMNIOK, K.: Haie und andere Räuber der Meere. Hannover 1983.

Zeitschriften

AQUARIUM heute
Das internationale Magazin für eine optimale Aquarienhaltung. Aquadocumenta Verlag GmbH, Am Menkebach 41, 4800 Bielefeld 11.

Das Aquarium
Zeitschrift für Aquarien und Terrarienfreunde. Albrecht Philler Verlag GmbH, Stiftsallee 40, 4950 Minden.

DATZ
Die Aquarien- und Terrarienzeitschrift, seit April 1988 vereinigt mit aquarien magazin. Verlag Eugen Ulmer GmbH und Co, Postfach 70 05 61, 7000 Stuttgart 70 (Hohenheim).

TI international
Tatsachen und Informationen aus der Aquaristik. Tetra-Verlag, Tetra Werke, Dr. rer. nat. Ulrich Baensch GmbH, 4520 Melle 1.

Register

Acanthaster planci 99
Actinia cari 35
– *equina* 35
Actiniaria 35, 77
Actinodiscus 79
Aerobacter 14
Aiptasia 38
– *diaphana* 40
– *mutabilis* 39, 52
Aktinien 35
Alcyonaria 80
Amphiprion allardi 123
– *bicinctus* 128, 129
– *clarkii/xanthurus* 117, 123
– *frenatus* 123
– *melanopus* 123
– *ocellaris/percula* 78, 79, 123
Amphiura 99
Anemonenfische 9, 78, 111
Anemonia 36, 63
Anemonia sulcata 36
Anthias anthias 160
– *squamipinnis* 160
Anthiidae 160
Anthozoa 80
Apolemichthys trimaculatus 173
– *xanthurus* 173
Ascidiacea 35
Aspidontus 106
Asterina 99
Aulostomus valentinii 148
Austern *Ostrea* 95

Badeschwamm (Euspongia/Spongia officinalis) 84
Bakterien 13, 25
Balistoides viridescens 96
Baumkorallen *Dendronephtia* 82
Bivalvia 94
Blasenkorallen *Plerogyra* 72
Blaue Meerschwalben *Labroides dimidiatus* 104
Blaustreifenseenadel *Doryrhamphus melanopleura* 145
Blenniidae 163
Bludruanemonen 114, 130
Blumentiere (Anthozoa) 80
Bohrschwämme 87
Borstenwürmer 92
Brachionius 143
Brunnenbauer, Kieferfische (Opistognathidae) 166
Bunte Baumkorallen *Dendronephtia* 82

Ceriantharia 15, 33
Charonia tritonis 100
Chromis caeruleus 154
– *chromis* 154
Cirrhitichthys aprinus 150
Cirripectes 163
Clownleierfische *Sinchiropus picturatus* 151
Cypraea 97

*Dardanus (Eupagurus/Pagurus)
  arrosor* 51, 53
Dascyllus trimaculatus 130
Dendronephtia 81, 82
Dornenkrone
  Acanthaster planci 99
*Doryrhamphus
  melanopleura* 141
*Dunckerocampus
  dactyliophorus* 145

Echinaster 99
Echinodermata 98
Ecsenius 163
– *bicolor* 165
Einsiedlerkrebse
  (Paguridae) 52
Eisseestern *Marthasterias* 99
Elefantenohren 77
Endosymbiose 62, 98
Erdbeerrosen 35
Euplotes 143
*Euspongia (Spongia)
  officinalis* 84

Fahnenbarsche
  (Anthiidae) 160
Feenbarsche (Grammidae) 169
Feilenmuschel *Lima lima* 95
Felsengarnelen
  Palaemon elegans 41
Feuer- oder Kardinalsgarnele
  Lysmata debelius 105, 140
Foraminifera 14
Fungia 72

Garnelen (Natantia)
  37, 107, 133
Gastropoda 94

Geisterpfeifenfische
  (Solenostomidae) 147
Gelbe Korallengrundel
  Gobiodon citrinus 155
Gelber Kaiserfisch
  *Apolemichthys
  trimaculatus* 173
Gemeiner Krake
  Octopus vulgaris 55
*Gemeines Tritonshorn
  Charonia tritonis* 100
Glasrosen *Aiptasia* 38, 52
Gobiodon 82
– *citrinus* 155
Gobius bucchichii 37
Goldrosen 53
Goldsternkieferfische
  (Opistognathus aurifrons)
  167
Gonioporakorallen 72
Gorgonaria 35, 73
Gramma loreto 170
Grammidae 169
Große Riffanemonen
  Stoichactis giganteum 114
Grüne Schwalbenschwänzchen
  Chromis caeruleus 154
Grundeln (Gobiidae)
  37, 81, 126
Gürtelrosen 35

Haarsterne *Amphiura* 99
Hexabranchia 87
Hexabranchius sanguineus 88
Hexacorallia 77
Höckergarnelen/Tanzgarnelen
  (Rhinchocinetes) 139
Hornkorallen (Gorgonaria)
  35, 73

Imperatorkaiserfisch
*Pomacanthus
imperator* 103, 172

Kalkröhrenwürmer *Serpula* 35, 41
Kammertierchen (Foraminifera) 14
Kardinalsgarnele, Feuergarnele
Lysmata debelius 105, 140
Karpose 128, 134
Kaurischnecken 97
Kieferfische, Brunnenbauer (Opistognathidae) 166
Königsgramma
Gramma loreto 170
Kommensalismus (Tischgenossenschaft) 39, 52, 127
Korallenkrebschen
Neopetrolisthes 115
Korallenwächter
Cirrhitichthys aprinus 150
Korankaiserfisch
*Pomacanthus
semicircularis* 172
Krabben (Brachyura) 34
Kuhkofferfisch
Lactoria cornuta 78

Labroides dimidiatus 104
Lactoria cornuta 78
Langschwanzkrebse (Natantia) 133
Leandrites cyrtorhynchus 105
Lederkorallen (Alcyonaria) 80
Lima lima 95
Linckia 100

Lipophrys (Blennius)
– *adriaticus* 50
– *canevae* 50
– *nigriceps* 41, 49
Lippenzahnschleimfisch
Ecsenius 163, 165
Lysmata
– *amboinensis/grabhami* 104
– *debelius* 105
– *seticaudata* 51

Marthasterias 99
Medusen 41
Mönchsfisch
Chromis chromis 154
Mördermuscheln (Tridacnidae) 96
Moschuskrake *Ozaena/Eledone moschata* 57
Muscheln (Bivalvia) 94

Nacktkiemer 87
Nacktschnecken (Nudibranchia) 87
Natantia 133
Nekton 26
Nemateleotris 156
– *decora* 158
– *helfrichii* 159
– *magnifica* 157, 158
Neopetrolisthes 115
– *oshimai* 131
Nikobarenkaiserfisch
*Pomacanthus
imperator* 103, 172
Noctiluca 143
Nudibranchia 87

Octokorallen 73, 80, 83
Octopus vulgaris 55
Ophiura 99
Opistognathidae 166
Opistognathus aurifrons 167
Ostrea 95
Ozaena (Eledone) moschata 57

Palaemon elegans 41, 52
Papageifische 70
Parablennius gattorugine 50
– *rouxi* 50
Paramuricea chamaeleon 74
Partnergarnelen
  39, 88, 105, 134
Periclimenes amethysteus 39, 42
– *brevicarpalis* 131
– *imperator* 88, 133
Pfauenfederwürmer 35, 92
Pfauenschleimfisch
  (Salaria/Blennius pavo)
  40, 46
Pferdeaktinien 35
Physobrachia douglasi 114, 131
Pilzkorallen *(Fungia)* 72
Pilzpolypen *(Actinodiscus)* 79
Plankton 8, 31, 41, 70, 75, 143
Plerogyra 72
Polychaeta 91
Pomacanthus annularis 172
– *imperator* 103, 172
– *semicircularis* 172
Porifera 84
Porzellankrebschen 131
Porzellanschnecken
  Cypraea 97
Prachtschwertgrundeln
  Nemateleotris 156

Premnas 113
Protoreaster lincki 100
Pseudochromidae 170
Pseudochromis
  paccagnellae 170
Pterois volitans 78
Purpurstern *Echinaster* 53, 99
Putzergarnelen 104, 109, 135
Putzerlippfische 104

Quallen 40

Radianthus gelam 114
– *koseirensis* 114
– *ritteri* 114
Rauchkaiserfisch
  Apolemichthys xanthurus
  173
Rhinchocinetes 139
Rhodactis 78
Riesenmuscheln
  (Tridacnidae) 96
Riffbarsche 113, 130
Ringkaiserfisch
  Pomacanthus annularis 172
Ritteranemonen 114
Röhrenmäuler 144
Röhrenwürmer
  (Polychaeta) 91
Rötlinge, Fahnenbarsche
  (Anthiidae) 160
Rotfeuerfisch
  Pterois volitans 78

Sabella pavonia 35, 92
Sabellastarte indica 92
Säbelzahnschleimfisch
  Aspidontus 106
Salaria (Blennius) pavo 40, 46

Sarcophyton 81
Scheibenanemonen
 (Actiniaria) 77
Scheibensterne *Asterina* 99
Scherengarnelen *Stenopus* 104
Schläfergrundeln
 Valenciennea 75, 132
Schlangensterne *Ophiura* 99
Schleimfische (Blenniidae) 163
Schnecken (Gastropoda) 94
Schraubensabellen
 Spirographis spallanzani
 35, 92
Schwämme (Porifera) 84
Schwarzkopfschleimfische
 Lipophrys nigriceps 41, 49
Scyphopolypen 41
Sechsstrahlige Korallen
 (Hexacorallia) 77
Seenadeln
 (Syngnathidae) 141, 145
Seepferdchen 144
Seescheiden (Ascidiacea) 35
Serpula vermicularis 35
Serpulidae 92
Solenostomidae 147
Spirographis spallanzani 35, 92
Stachelhäuter
 (Echinodermata) 98
Steinkorallen 23, 67
Stenopus 104
Stichodactyliden 115
Stoichactis giganteum 114, 131
Symbiontische Algen
 (Zooxanthellen) 8, 66
Symbiose
 62, 64, 77, 103, 111, 117
Symbiosegarnelen 42, 134

Synchiropus ocellatus 152
– *picturatus* 151
– *splendidus* 153
Syngnathidae 145

Tanzgarnelen, Höckergarnelen
 (Rhinchocinetes) 139
Thor amboinensis 131
Tischgenossenschaft
 (Kommensalismus)
 39, 52, 127
Tridacna gigas/maxima 96
Tridacnidae 96
Trompetenfisch *Aulostomus*
 valentinii 148
Trompetenglasrose 39, 52

Valenciennea puellaris 75, 132

Wachsrosen *Anemonia sulcata*
Weichkorallen
 (Alcyonaria) 10, 11
Weißbandgarnelen *Lysmata*
 amboinensis/grabhami 104

Zebraseenadel
 Dunckerocampus
 dactyliophorus 145
Zooplankton 135, 143
Zooxanthellen 8, 66, 77
Zweibinden-Anemonenfisch
 Amphiprion bicinctus 128
Zwergbarsche
 (Pseudochromidae) 170
Zylinderrosen
 (Ceriantharia) 15, 33

Landbuch-Verlag GmbH · Postf. 160 · 3000 Hannover 1

Hobbybuch für Naturfreunde und Aquarianer

Dietrich Kühlmann
Das lebende Riff
186 S., 150 Farbfotos, 80 Zeichnungen, 24×27 cm, Leinen geb., 58,– DM

Dies ist kein Bildband im üblichen Sinn. Der Leser erhält über alles eine Antwort, was mit Korallen und dem Leben im Riff zusammenhängt.

„Kosmos" sagt: „Eine unglaubliche Materialfülle ist gesammelt worden. Viele Farbfotos werben für eine der schönsten Lebensgemeinschaften unserer Erde."

Landbuch-Verlag GmbH · Postf. 160 · 3000 Hannover 1

Wie sind Meeresbewohner wirklich?

Prof. Dr. Klaus Zimniok
Haie und andere Räuber der Meere
224 S., 37 Farbfotos, 12×17 cm, lam., 19,80 DM

Unser Bild vom Hai und anderen Räubern der Meere ist von Haß und Furcht geprägt. Der Autor zeigt aus eigenem Erleben und den Erfahrungen anderer, wie diese Meeresbewohner wirklich sind.